DISCLAIMER

The author and publisher are providing this book and its contents on an "as is" basis and make no representations or warranties of any kind with respect to this book or its contents. The author and publisher disclaim all such representations and warranties, including but not limited to warranties of merchantability. In addition, the author and publisher do not represent or warrant that the information accessible via this book is accurate, complete, or current.

Except as specifically stated in this book, neither the author nor publisher, nor any authors, contributors, or other representatives will be liable for damages arising out of or in connection with the use of this book. This is a comprehensive limitation of liability that applies to all damages of any kind, including (without limitation) compensatory; direct, indirect, or consequential damages; loss of data, income, or profit; loss of or damage to property; and claims of third parties.

FIRST EDITION - Published 2021

Extra Graphic Material From: www.freepik.com
Thanks to: Alekksall, Starline, Pch.vector,
Dgim-studio, Upklyak, Macrovector
& Freepik.com Designers

This Book Offers Free Bonus Puzzles

Available Here:

BestActivityBooks.com/WSBONUS20

5 TIPS TO START!

1) HOW TO SOLVE

The Puzzles are in a Classic Format:

- · Words are hidden without breaks (no spaces, dashes, ...)
- · Orientation: Forward & Backward, Up & Down or in Diagonal (can be in both directions)
- · Words can overlap or cross each other

2) LEVEL UP THE GAME!

A space is provided next to each word to write new ones, translations or notes. We also offer a convenient **NOTEBOOK** at the end of this edition. It can help you organize your annotations, new words and/or observations.

3) TAG YOUR WORDS

Have you tried using a tag system? For example, you could mark the words which have been difficult to find with a cross, the ones you loved with a star, new words with a triangle, rare words with a diamond and so on...

4) EASY TO CUT!

The Puzzles come with an Extra Large margin to easily cut the page out of the book. Some people may feel it more convenient to solve them this way.

5) FINISHED?

Go to the bonus section: **MONSTER CHALLENGE** to find a free game offered at the end of this edition!

Want **more fun** and activities to **relax? It's Fast and Simple!** An entire Game Book Collection **just one click away!**

Find your next challenge at:

BestActivityBooks.com/MyNextWordSearch

Ready, Set... Go!

Did you know there are around 7,000 different languages in the world? Words are precious.

We love languages and have been working hard to make the highest quality books for you. Our ingredients?

One part easy-to-read print, three parts entertainment, then we add some challenging words and a pinch of rare ones. We brew them with care to serve you lots of fun and an opportunity to solve the best puzzles.

Your feedback is essential. You can be an active participant in the success of this book by leaving us a review. Tell us what you liked most in this edition!

Here is a short link which will take you to your Amazon orders review page.

BestBooksActivity.com/Review50

Thanks for your fidelity and enjoy the Game!

Delta Classics Team

Puzzle 1

```
R Z C F W F G P S C A G N U P
O K I T P A H R U G R N I L L
Y W C X F A F E G R I R Y F I
K Þ R U T Ó F U Y D M J Ó L K
Q Á U E S Ú O A N N U R G R V
C T T N D P L U N J Ð Y X A M
H T S K B D B Í G D Í M G Ð J
O T O O N R H A P D S M J L K
N A K M J R T K R A M Á H A L
U K S A G G U L G I N O X Ð M
M A H G E L R U F Í G A A A Z
D N A C I R E M A D E K R N W
X D F L U F F Y P X E O K D D
F I E Q L J V E X S Q P R I T
```

FYRIRGEFA
GRUNN
HÁMARK
GÍFURLEG
PUNGA
TÚLÍPANAR
FLUFFY
AMERICAN
KOMA
GLUGGA

AÐLAÐANDI
KOSTUR
FÓTUR
POKA
HONUM
ÞÁTTTAKANDI
MJÓLK
BUNDINN
SÍÐU
FIMM

Puzzle 2

```
W  K  K  W  I  H  P  F  F  Ö  Q  K  D  B  Z
V  E  I  M  V  D  V  G  J  R  O  J  Æ  S  Z
M  T  O  P  N  A  R  I  Ö  L  P  Ö  M  D  R
Y  T  U  K  S  N  L  D  L  Æ  Z  L  I  V  U
N  L  F  U  H  I  Q  Q  L  T  G  F  G  Z  T
S  I  F  B  L  Æ  Ð  I  R  I  K  A  E  F  R
T  N  U  J  R  Y  B  M  E  T  A  R  R  V  A
R  G  A  R  I  N  K  Æ  L  N  N  A  T  T  V
I  U  L  V  X  S  P  Z  L  W  M  A  O  S  S
Ð  R  B  V  Á  S  T  Ú  Ð  L  K  N  X  K  U
I  H  L  I  T  S  Q  L  E  N  N  Q  T  D  C
F  R  F  Ð  T  B  A  I  I  I  E  E  N  P  H
Í  E  W  U  D  R  Ð  E  E  K  F  L  H  R  T
L  B  C  R  L  A  H  E  I  M  S  Ó  K  N  K
```

META	ÖRLÆTI
DÆMIGERT	HEIMSÓKN
VIÐUR	LAUF
FJÖLL	EINNOTA
LÍFIÐ	EINKA
FRAMLEIÐA	KETTLINGUR
BLÆÐIR	MYNSTRIÐ
SVARTUR	ÁSTÚÐ
KJÖLFAR	BYRJUN
OPNARI	TANNLÆKNIR

Puzzle 3

```
N P M H L F L U L T I E Z E N
O O G C H B I K Í K G N O Z E
I V T T E U Ð Á R G C X R M M
S B W F N W Q E L F I U M A
E X H L D A M M O T Q D T B N
L Æ S A I A G E L U J N E V D
Q C M R N O P K W Y Z A G N I
L S S Ó C H J Á Q Q O S Þ E B
R C J O I I H K K X Z G E Y Ú
C R O T C M K J Ó L L U S Ð S
P B F P D I B Z P M A H S A V
X O X I C N E S A O Ð B I R Æ
L M E N N I N G A R R K R N Ð
E N B P V J P I C T A G E N I
```

PRJÓNAMERKI   KJÓLL
BÚSVÆÐI   AÐRA
HENDI   VENJULEGA
NOISE   GRÁÐU
GETUR   TOMMA
MENNINGAR   HUGSANDI
NEYÐAR   NEMANDI
ÞESSIR   HIMIN
LÆSA   LOFTI
FRÍ   KÁPA

Puzzle 4

```
K N I H J V T K H Q N Y D S F
U Q K C S I A B B A P I U S L
M P H K D L L S U B E A Ð Ú U
O J Í T C L A V M N L K Ö K G
K N X H Z D Ð H J U A S L K V
A W F J J P I W R C V N H U É
N U G O V I T Æ J T N E B L L
I M Q Y R D K P O H D Q G A D
L R I R G N A Ð I E L P E Ð P
N Æ Y T S A U F N Y Z J B I A
B Ð M G Y M O M U N N I N N N
J A X Z I Ó S T Ú L K A D X T
J N C Y M J H R A F N I N N A
H J K V D L T U S T E B K C J
```

ENSKA	FORNU
UMRÆÐAN	KANIL
PANTA	FLUGVÉL
VILL	SÚKKULAÐI
JOIN	SKÍNA
KOMU	MUNNINN
HLÖÐU	LEIÐANGRI
TALAÐ	HRAFNINN
KÆRULAUS	PABBA
LJÓMANDI	STÚLKA

Puzzle 5

```
S  X  B  G  I  N  P  P  E  H  C  F  N  H  S
F  Ú  J  A  N  S  Í  Ð  A  S  T  A  A  Ö  K
O  I  P  I  K  Y  Z  M  P  R  Y  B  G  F  I
R  J  K  U  U  S  M  M  W  Q  A  F  L  R  L
Q  I  I  H  V  Z  T  D  I  U  B  S  I  U  G
M  F  F  Y  W  U  V  U  S  U  R  L  P  N  R
S  C  G  D  Z  K  W  U  R  V  P  E  K  G  E
L  U  A  O  B  O  R  Ð  I  P  H  Ð  J  U  I
U  P  P  B  Y  G  G  I  N  G  U  A  A  R  N
F  X  O  E  D  R  A  G  A  W  C  T  R  U  A
I  U  R  M  T  R  Y  L  L  T  A  R  R  A  S
O  M  S  O  H  Á  R  U  T  Ú  N  Í  M  M  F
X  O  B  S  S  U  B  C  O  M  P  A  C  T  R
S  T  A  R  F  S  M  A  Ð  U  R  V  H  X  X
```

MAUR
BORÐI
SLEÐA
HEPPNI
MÍNÚTUR
SÍÐASTA
HÖFRUNGUR
BAKSTUR
KJARR
DRAGA

SUBCOMPACT
HÁR
MIKINN
TRYLLTAR
UPPBYGGINGU
NAGLI
SOMEBODY
STARFSMAÐUR
SKILGREINA
SÚPU

Puzzle 6

```
Ú  S  O  K  W  A  N  Ú  N  C  W  G  R  F  N
R  J  E  Q  K  M  L  G  A  N  G  I  N  U  M
G  Ö  A  I  S  J  Á  V  L  X  Q  A  Z  N  S
A  U  T  I  P  H  U  L  Ö  K  K  S  T  S  T
N  N  Q  E  J  Q  R  A  T  R  E  N  S  Á  A
G  D  Q  E  F  I  E  U  B  Í  U  D  S  P  Ð
I  A  V  I  K  U  N  O  D  C  Ð  X  F  U  R
T  Ð  D  I  C  O  N  B  H  Q  O  M  O  M  E
U  I  R  U  G  Æ  R  F  R  G  V  U  K  A  Y
L  T  E  E  L  Á  K  L  I  G  R  E  P  S  N
H  I  N  F  F  R  S  B  S  T  G  R  H  W  D
E  L  G  L  Q  Ð  P  C  T  X  Ö  V  Á  S  R
I  M  U  M  L  N  A  Q  A  H  Ö  G  G  V  O
A  B  R  R  R  E  I  K  N  I  V  É  L  R  W
```

DRENGUR
MÁLTÍÐ
SJÖUNDA
VIKU
HRISTA
FRÆGUR
LITIÐ
HLUTI
SÁPU
STAÐREYND

AÐFERÐ
NÚNA
SNERTA
SPERGILKÁL
REIKNIVÉL
ALVÖRU
GANGINUM
HÖGG
ÁVÖXT
ÚRGANGI

Puzzle 7

```
T J R L T S I Y X R Ö S K U N
M E E E X K S K I P D E L T R
S K U E G E L L A F N W R A A
S A H X F M J I J K L K Ð N N
U P U D M M K L T I L I F N O
X J R M C T N X I Z E T Z I K
Ú N D E A A J M S V F R B F Q
L S M E K K U V A D T E H C W
Á H R I F E I N K Y M K N X B
R M R Z C R A T S I L N Ó T B
R R Q X S H S K I L Y R Ð I U
T A Z W S S T E F N U L J Ó S
F J U A P I P A R V H J Q E D
N N F Á H Y G G J U R T C Y M
```

SKILYRÐI
FASHANAVEIÐAR
SITJA
RÖSKUN
TÓNLISTAR
FALLEG
ÁHYGGJUR
LÚXUS
SAUMA
KERTI

LIT
ÁHRIF
SMEKK
PIPAR
STEFNULJÓS
FINNA
SKEMMTA
SKEL
SKIP
KONAR

Puzzle 8

```
T  A  Q  E  Z  T  J  M  U  S  L  Á  J  R  F
Y  D  Ð  R  A  G  T  X  X  N  S  R  U  Ó  Z
I  Ð  I  K  A  S  F  A  U  K  O  Ð  B  F  D
G  U  L  R  Ó  T  O  S  L  H  Ó  H  P  V  Y
T  T  A  T  R  A  K  S  U  G  N  J  U  H  A
Z  I  F  W  I  B  S  I  V  U  Þ  Ó  J  O  K
S  P  E  G  I  L  L  M  J  Q  U  N  J  F  I
Þ  E  G  A  R  Á  I  D  V  H  N  A  D  N  E
O  Y  R  D  M  T  P  M  A  E  N  B  E  W  L
J  X  K  L  F  Ö  K  G  Z  L  T  A  J  D  I
F  S  S  A  I  K  U  C  Z  D  S  N  R  S  F
H  U  A  H  Z  H  B  R  F  P  Q  D  Q  X  Æ
F  P  C  G  Í  V  J  W  R  M  R  U  K  P  H
Y  O  A  M  T  D  M  Z  A  V  W  H  Y  E  V
```

HÆFILEIKA

ÁTÖK

FALIÐ

ÞUNNT

GARÐ

HALDA

GULRÓT

GÓÐUR

MISSA

ENDA

SPEGILL

FÓR

KARTA

AFSAKIÐ

SAGT

ÍHUGA

ÞEGAR

FRJÁLSUM

HELD

HJÓNABAND

Puzzle 9

```
S  X  I  Ð  Æ  V  K  T  A  A  P  J  X  M  Z
C  F  L  G  C  B  F  J  V  L  F  R  Q  D  G
A  S  A  T  E  N  H  T  O  D  J  R  W  V  R
R  U  T  S  R  Y  F  V  E  S  P  U  I  S  Á
E  O  M  A  M  M  A  M  L  D  N  J  Q  T  T
C  A  A  G  N  A  A  U  Ð  V  I  T  A  Ð  A
R  D  S  L  I  D  N  I  G  Æ  Þ  L  C  F  V
O  V  M  Á  R  I  A  H  A  N  D  L  E  G  G
W  D  S  N  V  I  N  N  U  S  V  Æ  Ð  I  R
S  J  Ú  K  D  Ó  M  U  R  T  B  L  L  Æ  A
O  F  A  P  X  W  A  L  B  T  R  I  N  B  Ð
V  R  W  M  A  G  E  L  I  N  I  E  R  G  A
A  F  S  T  J  Ó  R  N  U  N  V  F  K  J  T
L  V  H  G  X  U  G  D  C  H  Q  C  Z  P  S
```

HNETA

SJÚKDÓMUR

ÞÆGINDI

FYRSTU

NÁLGAST

AUÐVITAÐ

STAÐAR

ATKVÆÐI

VESPU

STANDA

SAMTALI

VINNUSVÆÐI

HANDLEGG

GRÁTA

SCARECROW

HVENÆR

MAMMA

STJÓRNUN

GREINILEGA

AFRIT

Puzzle 10

```
N O S J Q D W L S K C H P S S
E K A E I Z V A G E L R Á N T
F R Y O T L F Ö Y O D U H O Æ
N L C F R N Y S L N A G Y W R
D L Ó J H Ð I E R C G N X D S
I B E S T L N N N W B I A R T
N R S A N D U R G M L Ð N O A
V I R Ð A S T W C I A Æ N P H
P O T T I N N G C K Ð R A S V
M C G Y W O W V C I S F R W C
Z O N C M E Y Y S L X R S D F
B Ú A S T G N A R R Y É N U D
Z C L L E S L L Ð Æ T S G A H
Y Z G U K W S W J B J N Y T F
```

ANNARS
BEST
BÚAST
SETNING
SÉRFRÆÐINGUR
VIRÐAST
POTTINN
RANGT
DVÖL
MIKIL

SANDUR
DAGBLAÐ
HAGSTÆÐ
NEFNDIN
LANGT
SAFN
SNOWDROPS
REIÐHJÓL
STÆRSTA
ÁRLEGA

Puzzle 11

```
Y F H I N F E K R E V O N V Z
F H W R U F A T T A K S K E N
J V Ö D H M G R E I Ð A X N K
F J J C Ó C F A R P C R U J C
T A I J E Í A U A V U A K U R
T V L S L Á Ð U H D L N J L H
S K Á L D S K A P U R F W E J
A Ö S S T Y Ð J A H U E W G C
Ð V Ö W X C L C P M K N Z T V
R X N V C G Z K F C S Z S T K
O O G T S P O T T I O R Y D Z
F V O D J Z V B G X R E S F S
Q H Ö N D L A O F O F I N U A
X P P W M Y B X T J P T C S I
```

SPOTTI
SLÁÐU
HARE
SKATTA
STYÐJA
FORÐAST
VERKEFNI
VÖKVA
REIT
TJÖRN

BOX
GREIÐA
FÍL
HÖNDLA
NEFNARA
VENJULEGT
LJÓMA
SKÁLDSKAPUR
SÖNG
FROSKUR

Puzzle 12

```
S H D R R A N U L S R E V T B
K N H J U Ð J W F S I S R N O
Ý Í G Z T R P U Q P N E N O R
R F F G S U Z A M V K P D N Ð
H C H K E F P B L K R D N L A
E T Y V H L U J E X I B B A P
N R D P A T Q G X L V Q Z N F
N Y F B R L B Í Ó M Y N D Q C
A E L U B L U F J D H C S M V
R W C I E A W R U Ð Ó J S I R
B U W J S H X W O S S X C X G
F R Æ Ð I L E G A N E M O N E
U N D A N F A R I Ð K D F C X
V A L E N T I N E I O M R O Z
```

HNÍF
BÍÓMYND
UNDANFARIÐ
SEBRAHESTUR
VIRKNI
HVALUR
BORÐA
HENNAR
FURÐA
ALLT

VALENTINE
SIG
TAP
FRÆÐILEG
ANEMONE
EKKERT
PABBI
SJÓÐUR
SKÝR
VERSLUNAR

Puzzle 13

```
L E I K I O F D H A P U R K T
A N N I S N I R P L G U F X I
P I L S R E V G A L U C W F T
G I S K A K A W K M N T R A U
S I T U R V L J A I H E U W L
I D L I R Ð I F B N K J U R H
F J A L L P B C D O S X Á Q I
I L K X W V A J L Q J U Y F N
E N E T J S M U A Ð R Ó J F N
H V R Z O V Í I J Y M F V D I
C Z C I F O T H K Z B V V N M
G B A G D G W D S E J U L V V
P Á F A G A U K U R S T J I K
S M O K K F I S K U R Y R A R
```

FJALL	KERFI
SITUR	PILS
PÁFAGAUKUR	SMOKKFISKUR
FUGL	LEIK
HLUTUR	FIÐRILDI
SKJALDBAKA	SVO
MINNIHLUTI	FRAMHJÁ
REKA	VAL
TÍMABIL	GISKA
PRINSINN	FJÓRÐA

Puzzle 14

```
R  I  F  H  I  M  T  Q  N  N  F  M  V  E  G
H  B  L  R  F  U  K  S  L  G  I  A  I  M  L
H  A  F  A  A  D  R  C  Y  Y  T  A  T  X  E
E  S  B  Ý  R  N  V  A  N  D  L  E  G  A  R
M  I  H  T  Á  I  S  Ú  F  I  N  N  R  I  A
Á  S  N  T  L  G  J  K  J  F  W  O  U  T  U
L  G  C  A  K  Æ  F  Z  A  T  G  R  T  J  G
N  N  J  V  N  Þ  F  A  R  R  A  P  S  K  U
I  A  W  F  E  G  F  R  E  A  K  V  U  W  N
N  B  P  N  N  L  R  W  Y  V  S  G  A  I  V
G  Z  N  I  B  I  T  A  U  Ó  I  T  D  T  S
U  Í  R  Á  Ð  A  S  T  Ð  S  E  G  J  U  M
F  D  Ý  R  A  G  A  R  Ð  I  N  U  M  I  X
S  P  O  R  Ö  S  K  J  U  L  A  G  A  C  Q
```

GLERAUGU	VANDLEGA
KLÁRA	HAFA
INNRI	ÝTT
ÞÆGINDUM	FRANSKAR
ÓVART	VIT
MÁLNINGU	BANGSI
SPORÖSKJULAGA	SEGJUM
AUSTUR	DÝRAGARÐINUM
RÁÐAST	EINANGRAÐ
FÚS	FÍNN

Puzzle 15

```
Y  R  X  S  N  M  N  U  Z  D  P  N  I  K  G
G  R  Í  Ð  A  R  L  E  G  A  C  Ð  G  V  A
A  U  L  V  P  K  Q  B  I  H  A  Y  R  I  R
O  G  E  A  R  Ú  T  T  Á  N  U  J  E  K  D
I  N  I  G  Æ  S  H  T  O  J  B  S  I  M  Í
H  A  Ð  J  W  M  T  M  Æ  L  S  E  N  Y  N
A  V  I  V  G  V  Í  K  Ý  G  E  I  T  N  U
I  S  N  X  I  L  V  A  G  U  L  U  R  D  R
B  L  L  U  G  U  N  Í  S  L  E  P  P  A  I
L  A  E  I  I  T  G  E  L  U  T  T  Æ  H  F
Á  L  G  Z  U  E  I  N  K  U  N  N  Z  Ú  A
S  A  T  R  A  J  H  H  E  B  K  A  K  S  L
A  X  O  J  G  C  V  N  P  H  D  J  C  E  L
O  U  Z  I  E  Z  D  C  M  J  Z  Z  X  S  A
```

GARDÍNUR
FALLA
EINKUNN
BLÝANTUR
SLÆMT
HJARTA
LÍMONAÐI
GULUR
GEIT
SVANGUR

KVIKMYNDAHÚS
LEIÐINLEGT
BLÁSA
APPELSÍNUGUL
GRÍÐARLEGA
HÆTTULEGT
GÆS
HÁTT
NÁTTÚRA
GREIN

Puzzle 16

```
D  Á  G  E  A  E  D  C  L  P  S  L  A  H  M
Y  O  T  F  K  X  N  Q  K  Z  T  V  Q  J  S
L  K  R  A  G  C  J  R  K  L  Æ  O  T  F  M
A  V  S  J  K  E  B  Z  H  I  R  I  G  K  D
B  K  Ó  E  L  L  M  H  I  D  Ð  T  W  K  C
N  S  N  G  A  M  F  A  R  N  E  T  T  O  R
A  L  V  E  G  W  L  O  A  I  A  S  K  C  D
K  X  P  P  E  R  A  A  T  Ð  N  P  T  S  R
S  L  I  K  I  M  Ó  D  I  I  N  T  B  F  I
I  V  I  S  T  I  R  T  R  E  Y  S  T  A  V
V  O  U  O  K  R  U  M  J  L  K  Y  O  T  E
K  A  N  X  F  C  L  S  R  I  C  Z  D  Æ  K
E  J  P  F  L  F  O  V  K  I  R  C  G  B  X
N  E  M  T  Q  D  B  X  W  D  S  X  E  S  Y
```

ÁTAK	DÓM
BOLUR	TREYSTA
GJÓSA	RITARI
VISTIR	EPLI
VISKA	DRIVE
EXCEL	ROTTEN
RAFMAGNS	STÆRÐ
MIKIL	ALVEG
PERA	LEIÐINDI
KYNNA	BÆTA

Puzzle 17

```
N B R G L É V E W K P V Q B G
X F X I Ð R U B T A G I D Q S
P Z A R D S I N A J M Ð S K Í
K U N R V L C H T E N B A A Ð
Q Í H Æ E P I Z H J N R L S D
V R R N H S E V U L E Ö M A E
B V I N I A Q M G E O G E N G
E F F G T M G K A R W Ð N N I
R U N I V A Æ H R A Ð A N L S
I Z I R E O Ð T M O N J A E B
B I N G O O I W L D Y X V I E
T A G V I N S Æ L A S T O K W
G R U K Ú J M Ð U A Q V O A Q
N T Q J A C Q S P G A Z P K V
```

QUAIL

VILDI

VINUR

ATBURÐI

GÆÐI

NÆRRI

ATHUGA

SÍÐDEGIS

ENN

SANNLEIKA

ALMENNA

AUÐMJÚKUR

NET

VIÐBRÖGÐ

SAMA

HRIFNINGU

VINSÆLAST

VÉL

VÍN

HRAÐA

Puzzle 18

```
V  L  W  T  B  I  B  K  R  S  K  L  L  C  I
A  P  Z  J  S  I  M  Í  Ó  K  N  Í  S  O  Z
B  C  D  A  U  U  F  J  Ð  G  K  K  Q  N  P
H  A  R  L  N  N  L  R  E  A  M  A  N  F  K
S  G  J  D  N  D  D  U  E  G  P  Ð  N  I  L
E  K  K  I  U  A  G  Ð  Q  I  D  I  I  N  I
V  E  G  A  D  R  Q  Ó  G  A  Ð  K  M  E  F
Y  S  I  R  A  L  T  J  H  V  J  T  O  X  R
N  Y  V  Y  G  E  O  S  P  V  I  R  K  A  A
O  U  S  E  U  G  L  R  Y  V  H  Æ  L  A  J
O  Z  G  Y  R  T  P  Á  L  T  F  B  L  W  F
M  I  Ð  J  A  V  G  J  S  B  V  Á  U  L  W
C  V  L  X  G  O  S  F  U  W  U  R  F  P  U
Ö  M  U  R  L  E  G  A  R  L  U  F  I  N  E
```

KLIFRA	PYLSUR
BÍÐA	BIFREIÐ
VEGA	EKKI
MOON	LÍKAÐI
MIÐJA	FJÁRSJÓÐUR
TJALD	EYRA
VIRKA	LJÓS
ÖMURLEGA	SUNNUDAGUR
FRÁBÆRT	CONFINE
FULLKOMINN	UNDARLEGT

Puzzle 19

```
G H G R Í Ð A R S T Ó R V Y S
Y I O A G S T L Y A G I A Y U
X B U L M F K N Í V S C G P N
K X H G A N D O A N D A N F D
F H E I A I Q Z R U P Á K S I
N K I S S T S Z N T Q Q H W W
S J Á L F S T Æ Ð I I K K E Þ
O X E L W O L F I X O R U N G
O G D P H E S T K T B B S V B
F I R E F L Y T Ó X Q D I U Z
V O M T S A G E L M A S N I V
A I O B S Q T Á F J S S V S K
N Y H T L O H R S T R Á K U R
N T X O F I R A T I E H D A N
```

GRÍÐARSTÓR
VAGN
VANN
SVÍN
SJÁLFSTÆÐI
HEITARI
YNDISLEG
ÁRA
SUNDI
SKORTIR

STRÁKUR
ANDA
UNG
FIREFLY
ÞEKKI
SKÁPUR
SIGLA
VINSAMLEGAST
HOLA
FLÓKIÐ

Puzzle 20

```
Y  H  Þ  J  Ó  Ð  V  E  G  I  N  U  M  M  S
S  F  V  U  W  Þ  N  Á  K  V  Æ  M  N  I  Ó
K  P  I  E  N  O  B  K  T  Z  D  U  G  V  L
Í  X  E  R  R  H  K  R  A  N  G  A  R  A  A
Ð  P  I  V  F  P  N  Y  Y  N  F  A  R  U  R
I  J  T  I  O  A  T  F  L  Á  J  K  S  G  H
I  L  Y  G  Z  Z  R  V  U  L  L  I  V  E  R
Q  M  O  F  G  C  P  A  K  E  G  D  A  V  I
H  Æ  F  N  I  S  P  R  Ó  F  R  K  A  Ð  N
U  T  G  F  Ð  B  O  A  N  W  I  R  R  R  G
A  N  D  N  U  B  Ð  F  E  H  L  P  T  A  I
V  S  R  L  A  L  R  I  K  Í  L  Ó  U  J  N
I  I  L  I  R  E  F  P  X  E  E  M  T  D  N
T  Q  G  W  B  J  U  W  L  F  H  Z  P  H  D
```

ART
HVER
YFIRFARA
ÞORP
RANGAR
NÁKVÆMNI
VILLU
HEFÐBUNDNA
ÓLÍKIR
BRAUÐ

JARÐVEGUR
ÞJÓÐVEGINUM
HÆFNISPRÓF
SKJÁLFTA
LÁNA
HELLIR
SÓLARHRINGINN
SKÍÐI
HIKA
FERIL

Puzzle 21

```
Þ  R  E  Y  T  T  U  R  V  G  I  R  O  Q  X
E  I  N  S  E  N  D  U  R  S  P  E  G  L  A
T  N  A  R  E  L  H  T  D  A  Y  L  T  W  M
T  Ð  M  W  M  D  Ó  M  S  T  Ó  L  L  U  I
I  I  A  J  G  G  E  L  V  F  W  R  N  S  V
R  E  G  J  R  O  J  Q  U  R  F  K  T  Z  E
C  B  P  T  W  D  N  F  F  R  E  W  O  Y  I
E  W  C  A  N  O  E  F  W  T  Q  K  B  L  Ð
R  Y  X  H  I  T  A  G  P  F  E  L  J  Ö  I
N  F  G  O  G  T  U  P  E  C  L  Q  F  G  F
V  Q  V  A  E  V  U  T  M  É  N  P  O  U  L
W  Þ  L  E  I  T  A  R  F  C  Q  M  I  N  Ó
T  I  L  V  I  T  N  U  N  E  E  R  G  J  Ð
A  T  H  U  G  A  S  E  M  D  S  Y  U  Z  W
```

ENDURSPEGLA

FLÓÐ

UPPTEKNUM

HLERA

BEIÐNI

GAMAN

BOTN

LÖGUN

VEIÐI

DÓMSTÓLL

TILVITNUN

EINS

ATHUGASEMD

LEITAR

ÞREYTTUR

LEGGJA

ÞVO

GREEN

FÉLL

HITA

Puzzle 22

```
D  J  A  F  N  T  E  F  L  I  L  W  K  B  M
T  Ó  H  V  Z  S  C  N  Æ  P  A  E  Z  C  A
F  H  M  S  K  J  Á  R  U  M  A  Z  S  Q  R
T  Q  C  A  N  E  R  A  F  Á  G  T  Ú  T  G
B  L  K  L  R  F  D  B  T  L  K  V  K  K  F
V  I  Z  E  K  I  J  I  U  T  Z  C  J  Æ  Æ
X  G  C  T  J  U  K  A  T  N  N  I  F  T  T
D  L  T  S  T  Y  G  C  R  N  U  Y  R  Á  L
H  Á  S  K  Ó  L  I  P  G  L  C  O  H  F  U
G  P  G  S  T  U  T  T  A  N  Æ  H  O  E  R
G  L  E  T  T  I  N  N  X  I  K  G  E  G  L
D  Á  D  Ý  R  F  Q  R  G  F  U  J  J  A  A
Ú  T  S  K  R  I  F  A  S  T  I  V  P  A  G
Þ  V  O  T  T  A  H  E  R  B  E  R  G  I  I
```

DÁDÝR	STUTTAN
INNTAK	LAGI
FJARLÆGJA	HOE
HÁSKÓLI	LEST
DÓMARI	FÁTÆKT
ARENA	GLETTINN
ÞVOTTAHERBERGI	STELA
JAFNTEFLI	SKJÁR
MARGFÆTLUR	ÚTSKRIFAST
NÆPA	ÚTGÁFA

Puzzle 23

```
E N G N T K I M H D P A A F V
F I T Æ G D U Y L S Ö K K V A
L S N O S J F F I D N A R G F
U O E B G I U F Ð S Q R G F O
T T J G E G P F A P L A T A L
N S E R Ó I P O R S E I N K A
I L A N S R T H E I M S I N S
N I X A K T R A K K A J O C E
G K F M O I E Y M D Y S M I A
A W I A V Í T A M Í N O W N F
O U Z S U N E O J R W A W H E
G L E R O T C A F K R Q P M W
S J Ö T T A Z F A R N G I O S
S E V V S V Z R T O Z V V W M
```

FLUTNINGA	HLIÐAR
GÆTI	NÓGU
SAMAN	HEIMSINS
FACTOR	VÍTAMÍN
RAKA	EYMD
LEGGJUM	LOFA
SJÖTTA	GRANDI
GLER	PLATA
JAKKA	SÖKKVA
SEINKA	EINBEITA

Puzzle 24

```
I  E  I  B  S  L  J  F  Z  N  H  L  F  Y  Q
O  G  N  O  P  C  A  L  K  T  P  B  Q  G  F
V  S  L  R  Y  K  A  A  V  Á  S  D  T  G  A
Ð  A  V  H  R  A  N  N  E  M  A  Ö  S  A  U
F  M  T  I  J  N  F  A  N  S  Q  I  G  F  G
A  T  M  N  A  R  V  A  R  I  Ð  T  Z  N  L
Ð  S  Y  F  I  U  K  S  Ö  L  F  W  T  U  J
M  O  N  T  U  Ð  D  I  S  P  L  A  C  E  Ó
A  P  D  H  W  A  T  L  E  G  Q  G  O  P  S
Ð  G  A  K  F  M  V  E  L  L  Í  Ð  A  N  E
U  N  V  N  N  U  D  L  Ö  F  G  R  A  M  V
R  W  É  L  K  K  U  W  N  O  E  J  C  N  U
L  V  L  C  L  Ö  K  L  X  H  É  R  S  X  C
D  F  X  F  L  L  X  Z  V  Z  D  N  W  O  U
```

GELTA	SPYRJA
HVAÐ	VARIÐ
FAÐMAÐUR	HÉR
ÖKUMAÐUR	MYNDAVÉL
POSTMA	SMÁ
AUGLJÓS	VELLÍÐAN
FLÖSKU	VATNIÐ
NEMA	DISPLACE
GAF	SÖGN
KANNA	MARGFÖLDUN

Puzzle 25

```
Q Y V B K G J K E E L L I E H
O H R P M A M A J K K E Þ L F
D Q B Z G Ó N F D C W M F U A
G U T E Ð I Z F M V X R A H K
Y E K U N Y E I N C N X H K V
F N R E V H N I E M V Q P Ú L
I S E A G E L S G A H R Á J F
R K M N S Á B E R A N D I M K
G I S M W T Ð Y O F B M I T J
E L D J P G A F O N Ý C J Q Ö
F M D R A P O E L L R I I Q T
A Á Z R D R E G I N N J O X Y
O L B H Æ T T U L E G A Z N S
N A U P P G Ö T V U N Z D K V
```

HEILL	YFIRGEFA
MÓÐUR	HÆTTULEGA
GERAST	LEEK
MJÚK	FJÁRHAGSLEGA
DREGINN	EINHVERN
BRAGÐ	MERKT
KJÖT	ÞEKKJA
KAFFI	LEOPARD
BÝR	SKILMÁLA
UPPGÖTVUN	ÁBERANDI

Puzzle 26

```
O W A S H E I M I L A L L Y F
H G J V Æ C S W B L I T L O B
U X A Q B T Y B V P B Ð N U V
F E R R E T T D R G B O A O R
M A Ð U R I N N U S A B L I B
B E I N B R O T L K R A L L R
B Æ Ð I A N N I V R K L Y Æ I
P A D N F J A H L I U I M M N
L K K Q R M B Q J F O K Q A N
E Á Y C E X H S B S B S E T I
T E P C V G L Y U T Q W U I M
T Q Q U H N H J E O W I U H M
S P E N N T U R I F S Y M V Y
N H H B U O B I R A C I W D V
```

FYLLA	FERRET
BÆÐI	HEIMILA
BOLLI	TÁKNA
BOLTI	CARIBOU
HITAMÆLI	SKRIFSTOFA
KRABBI	BEINBROT
MAÐURINN	MYLLA
MINNIR	SÆTT
SKILABOÐ	IIVERFA
VINNA	SPENNTUR

Puzzle 27

```
K A N G A R O O K A W N T U A
C E F V P Ð F Ó T B O L T A O
Q I J E R I G R A M L Ö J F Q
R N N B T L V I J Ö K S H T R
V U G Y G G T T I E R B D I N
O G Y J N A Q I T Ó M Y K K B
N O T U Ð H L L B P N K G F L
S T O R M U R X R I Y B W G D
H R U T T É R A Y Þ K E E F I
A O B D V A V V M P D L G A Y
G K U E Z N S A B A K T L V D
N A D A Ó I S R Í K I I U W F
Ý H Y J W H U G R A K K U R S
T I S F R A T S M A S N B X L
```

FÓTBOLTA
MÓTI
FJÖLMARGIR
BREITT
SAMÞYKKIR
KORT
NOTUÐ
RÍKI
EINU
BELTI

RÉTTUR
SAMSTARFS
ÖRYGGI
VAXLITIR
SJÓNVARP
HAGNÝT
KANGAROO
HUGRAKKUR
HAGLIÐ
STORMUR

Puzzle 28

```
W  D  V  V  V  Í  Ð  E  R  N  I  T  Q  G  Á
I  N  P  P  E  K  M  A  S  I  M  Í  I  N  R
G  F  D  F  J  T  K  R  L  G  A  M  R  H  A
I  J  V  O  O  T  Z  H  W  S  A  A  K  N
F  Ö  V  A  P  P  S  L  C  W  H  H  N  G  G
T  L  O  I  B  E  Ö  Ð  I  D  N  Y  F  I  U
A  B  G  K  Z  V  F  L  Y  N  J  R  L  O  R
S  R  I  T  S  Y  S  T  L  L  G  L  V  N  N
T  E  Þ  Æ  G  I  L  E  G  U  E  A  Ú  Á  Þ
F  Y  Í  S  H  O  K  K  Í  F  M  X  R  L  V
Í  T  W  Y  P  W  M  H  L  Y  O  M  B  F  Í
F  N  G  O  J  E  T  I  L  S  M  M  K  U  I
L  I  P  H  B  V  T  A  M  L  M  J  A  R  V
V  I  Ð  B  R  Ö  G  Ð  I  N  H  H  I  T  J
```

VIÐBRÖGÐIN	ÖLLUM
ÍSHOKKÍ	TILFELLI
FJÖLBREYTNI	BRÚ
ÞÆGILEG	VÍÐERNI
ÁLFUR	MAT
TÍMA	SYSTIR
ÁRANGUR	SAMKEPPNI
GIFTAST	SAMI
FYNDIÐ	ÞVÍ
VETTLINGAR	FÍFL

Puzzle 29

```
K N B G P Y N U V C L R E R F
H S D W Í Y M K E L G G I W E
R H N N P Þ X Ð I L Á M W Z R
Æ V Z E H J R T K Ó B F C B K
Ð I K H M A M Ó A T Ú N H H I
I Q H S P M T P T U T Y E A X
L Z I U Q I A T R T N M L G F
E X A F N Q K B K N I P D F L
G L L Í B U R Ö V U Ð R S R J
H Q D B X I R P U V Ó J T A Ó
S P M E U Z U U V S J I Æ M T
C A X T T É Þ A Z T Þ K Ð L A
K P M C W Q L X A Q P S I R K
I D P P Ö L D B W P X M C J E
```

ÞJÓÐIN	BÓK
FRAM	ÞURRKA
SNEMMA	HAG
SVUNTU	ÖLD
HNÚTA	FLJÓTA
VEIKA	ELDSTÆÐI
VÖRUBÍLL	MÁLIÐ
WIGGLE	ÍÞRÓTTIR
HLAUPA	ÞÉTT
FER	HRÆÐILEG

Puzzle 30

```
H Ú S V E R K D C L B I T E F
L T I C R A W I N O E I J L L
W P M X T T F X X L T C F J U
G U S Y E P P G N I N N E M T
G B E P A K H F L H A P Y O N
M R A Ð A J H L H Æ K K U N I
B E L V Z K L R U M U A R D N
F R A M F A R I R T L E N X G
S O K K I N G J F F E K Á S
S J N Y V T R A U S T A B N H
H E I M A B Æ P H X N U L A R
N A M M I N R Æ F E D V A L A
H Æ G I N D A S T Ó L L N J Ð
S Æ L G Æ T I S T U N D U M A
```

PEYSU	HÚSVERK
HEIMABÆ	BREYTA
SOKKINN	STUNDUM
DRAUMUR	FÆRNI
FRAMFARIR	TRAUST
SÆLGÆTI	HÆGINDASTÓLL
FLUTNINGSHRAÐA	TITILL
ÁNA	HÆKKUN
MENNING	NAMMI
JAÐAR	HLUTFALL

Puzzle 31

```
Z L Á M R U Ð Ó M A H H H E P
L E V N F A J M C G X Ö E Y X
Y S A C O R N S C S P F R F P
V A B R Á T T N A G Y U B V X
G K S Ð R E F M U Ð W Ð E M L
Z A N R U G N I F I M B R G M
G S I A R I O I O G R O G K F
S N G Y N D S B K U U R I A Y
T N D G Q L I Z F H N G M B U
P A U I C A B C T T A N N A M
B R O T L R T K S A V U T O N
G H C A G O Z Ó C Q S L S M N
G J V V V O L E L N A V Y T X
T F Þ R I Ð J U D A G U R I F
```

SVANUR   HERBERGI
UMFERÐ   HAUST
BRÁTT   BISON
ATHUGIÐ   ÞRIÐJUDAGUR
FINGUR   LESA
BROT   MÓÐURMÁL
JAFNVEL   MANNA
VOLE   TÓL
RANNSAKA   HÖFUÐBORG
SAMNINGUR   ACORNS

Puzzle 32

```
A L T I Y Q R V V A Q O K S T
B T V M R U S Ö A F K M G N K
H H U U T H J X S G Z J A U V
J N H S P I O T A Q D E I L D
I L K H I S P U W O N O Ð E T
L E É N K A P R F S F O U V A
R T Ó M A L U N M A D W K S J
O J A S Y T N P A P P Í R G J
L H F C X S A U G M U A R T S
F Ö S T U A N E U V M F U O U
T T F A W L N B L G E U Þ L K
T B W N V P E O F E T Q S B Ó
U T A N D Y R A S V W P I J F
D A Q H T W B I N N L E N D Y
```

VASA   LJÓNI
FLUGA   SALT
BRENNA   SJOPPUNA
INNLEND   VEL
VÖXTUR   UTANDYRA
FÓKUS   PLAST
STRAUM   FÖSTU
PAPPÍR   REKSTUR
KNÉ   SUMMAN
DEILD   ÞURRKUÐ

Puzzle 33

```
L Y D Q F W H S M T S X I M A
I C A N Ó L E M S N T A V T V
Ð C V G U Q Y J R N O V A M Í
I V I U Í L O T Q U H K B I S
Ð F R S L Á N I J R S C H V I
M R K T I V V O U A V V E E N
I X T T V C C D N Y Í L M R D
F R A M U N D A N T F K L N A
F L I P P E R M U O M I I D M
A A C Z Q E B R E I D D B A A
S Y S T U R N Ó S E M J A B Ð
U U W V U G Z T C O W J M F U
A X S Z N S E S N J U E Í X R
L Ö G R E G L A N B F T T J N
```

FRAMUNDAN
GUST
STÓR
SEMJA
OLÍU
VATNSMELÓNA
LIÐIÐ
BREIDD
FLYTJA
VIRKT

VERNDA
TÍMABIL
LÁNI
LÖGREGLAN
SKATA
SYSTUR
LAUSA
VÍSINDAMAÐUR
FLIPPER
HVÍTUR

Puzzle 34

```
K B K M S É R S N I Ð I N Q V
A A A E R A K V N A O S S F E
R S S D S V V K L A U F I R W
T K T I U P P Á H A L D S P O
Ö I A A F S S Ö G U M A Ð U R
F L N B Ó R A S R K E M U R Í
L J Í A R Z Á N L W H B Q U V
U A A N N A D Ð N W X C F T A
R B P K A L Á K S A S H K T R
M O X H R P H X I T T R L É E
I R F Í L H N G E R E E Z L V
I Ð L Q A P S I Z V M F O S U
T I E N M X R U P A O A N N K
J S G C B U M H V E R F I A J
```

SÖGUMAÐUR   KEMUR
KLAUFIR   SLÉTTUR
UPPÁHALDS   MELTA
VERA   SKÁLA
BORÐ   UMHVERFI
KARTÖFLUR   MEDIABANK
REGNHLÍF   SÉRSNIÐIN
FÓRNARLAMB   SKILJA
SANNA   KASTANÍA
RÁÐSTEFNA   VÍR

Puzzle 35

```
E S N C V M Q A N Ý S R B E V
X H U H C T D G L G E A N L E
A Z P O H N H E Q R N J I L L
I D J H U I E L G Ó D A G E K
K O W Í F E W Ð N L I L N F O
N U T N B S A Ó A E V L I U M
G K K O L B V J F G I I N H I
L F E L Ó O G Þ T T S P T B Ð
Æ M A U Ð L R L E M W M T K X
P T M J Y H K A N X A I O X W
U F K F X O T G M S Y T R U T
R A Ð S K I L J A Z A S D K F
E R F I Ð I R Þ R I Ð J U X O
Q F R Þ R Ý S T I N G U R A Q
```

ÞRIÐJU	ÞRÝSTINGUR
STIMPILL	FYLGJA
NETFANG	AÐSKILJA
SÝNA	ELLEFU
TÍUNDA	RÓLEGT
SEINT	BLOKK
VELKOMIÐ	SAMT
ERFIÐIR	ALÞJÓÐLEGA
SENDI	DROTTNINGIN
BLÓÐ	GLÆPUR

Puzzle 36

```
U R J K J I L E N G D V L T H
M J W V F R R E I W E T N N R
B S H Y B U T D G M C J Y R Ó
Æ M E P V T S O L E Ó Y O E P
T L K A Z S N E R T I N G U A
U M A X Q M F J A R L Æ G Ð Ð
R F V A X A L E N G I H P R I
F D Q Q D H G L A Ð U R Z Ö V
B H R Q P B U F F A L O M J E
N R F J Ö L S K Y L D U M H L
D Y E G L A G A L E G A X U J
G T U N I T T O K S B Q S Q A
D M D T N F J Ó L U B L Á T T
B R K L N T W Q G Z H B J P O
```

HRÓPAÐI
GLAÐUR
BUFFALO
HAMSTUR
VAXA
BRENNT
SKOTTINU
HJÖRÐ
FJÓLUBLÁTT
VELJA

UMBÆTUR
LENGD
LENGI
LAGALEGA
FJARLÆGÐ
LEYFI
LOST
FJÖLSKYLDUM
NJÓTA
SNERTINGU

Puzzle 37

```
S P J G U Ð Ö T S Ó Z T O L E
G Y V N T L P E R T W E I V M
X V W C S J L I D L J D N I F
U T G A Y P M G E Y N Ó X E A
C S Æ T U R B A T A A F R D E
H A G K E R F I M L A S U N Q
N Á N A S T X O D T Ð G T I A
Q B R F N A K A A Æ Æ R S R L
R A G Y R Ð V I N A T E O G L
C Z M T A H E P S N S I K A I
V V S N M Æ D M O A D N L N H
Q W A Z Í K Q Q K X N D A I H
X T S D R K D N S Z A U V E G
U P F G G A D N E B C R P B D
```

STRAX
ANDSTÆÐA
GREINDUR
VALKOSTUR
VIEW
STJÓRNA
ÆTLA
EIGA
UTANAÐKOMANDI
BENDA

ÓSTÖÐUG
SAL
HÆKKA
HAGKERFI
GRÍMA
SÆTUR
BEINAGRIND
DANS
HILLA
NÁNAST

Puzzle 38

```
N C U R I S M Ý S U G X R B B
O R Ó G R E I N I N G F N R M
Z J C B A R Á T T A N L X O W
B F O N I Ð I K Æ T U K Ö T B
H K U A F S Y R D R E K I I Ó
R T P U L D Á L K X H G Y N K
I Z É E P Á R F D G W E Q N A
N F R U P Á K S A T A F K P S
G F R L A T J S Ð E R Z E E K
L B L E K K J A I B S H N A Á
A N I Z R D B O E U C N N C P
G D U T H S F Y V I S P D H U
A T G Z V C R O C O D I L E R
W J G W T Z U S E A T Q A X A
```

ÖKUTÆKIÐ   HRINGLAGA
GREINING   DREKI
BJÓR   FRÁ
BARÁTTAN   ÝMSIR
VEIÐA   BROTINN
KENND   CROCODILE
COUPÉ   PEACH
BLEKKJA   DÁLK
FATASKÁPUR   FRELSI
BÓKASKÁPUR   SKÁL

Puzzle 39

```
K  I  H  G  N  C  P  B  C  M  U  A  G  B  D
Ó  H  J  W  Y  Q  H  L  A  T  K  I  E  L  B
R  L  K  V  Í  Ð  A  J  S  T  H  Á  A  F  V
Ó  Ý  I  Q  P  L  L  L  Æ  R  K  H  I  I
N  Ð  G  J  Q  E  E  K  G  V  U  V  S  D  R
A  A  W  Y  T  H  N  Q  M  K  K  Ö  K  I  Ð
H  E  N  G  J  A  T  N  Q  Á  K  R  Ó  M  I
G  V  X  T  D  P  K  W  Q  J  U  Ð  L  D  N
S  T  I  L  L  A  Z  Z  V  S  W  U  A  W  G
S  É  R  S  T  A  K  L  E  G  A  N  N  Z  E
V  Í  S  B  E  N  D  I  N  G  A  R  U  V  F
K  R  U  L  E  I  G  U  B  Í  L  L  M  Z  N
A  L  G  E  R  A  I  Ð  Æ  R  F  F  Í  L  Y
K  A  U  C  H  S  R  D  J  A  P  N  O  F  Q
```

KVÍÐA	HLÝÐA
LEIGUBÍL	AFL
TELJA	KÓRÓNA
LÍFFRÆÐI	STILLA
ÁKVÖRÐUN	HELSTU
VÍSBENDINGAR	SÉRSTAKLEGA
GAUM	JÁKVÆTT
VIRÐING	HRUKKU
SKÓLANUM	ALGERA
HENGJA	BLEIKT

Puzzle 40

```
Þ  R  X  S  W  J  C  S  E  A  B  H  M  L  U
A  Y  U  J  A  S  L  T  Q  S  E  P  C  M  G
T  G  K  V  I  S  S  Ó  A  L  I  V  E  G  G
B  A  C  K  D  Q  L  Ð  L  O  T  R  M  S  B
U  G  I  D  U  V  D  I  C  K  B  R  Æ  U  Ú
R  N  S  I  U  R  T  B  M  K  G  R  E  V  A
Ð  V  O  X  Q  Í  G  J  A  L  D  G  E  N  G
A  A  Y  N  L  V  E  T  T  V  A  N  G  U  R
R  R  T  G  G  X  D  A  Í  S  E  R  F  B  F
Á  T  U  S  N  Y  R  T  I  L  E  G  U  R  R
S  H  Ð  S  I  U  A  R  G  M  T  N  P  E  H
Z  Q  Æ  H  N  Y  W  U  B  R  Y  J  V  B  Z
V  T  R  K  Ý  Y  O  T  B  O  V  U  U  K  X
B  W  K  Z  S  Z  C  S  F  R  I  Ð  S  Æ  L
```

COWARD	RÆÐU
VÆRI	SNYRTILEGUR
BEIT	GAGNVART
STURTA	VETTVANGUR
STÓÐ	BÚA
HUGLÍTILL	KOL
VEGG	FRESÍA
VISS	GJALDGENG
FRIDSÆL	SÝNING
ATBURÐARÁS	ÞYKKUR

Puzzle 41

```
X  G  A  K  A  T  S  R  É  S  X  V  J  M  Z
S  L  E  O  M  S  G  N  W  M  L  F  L  H  S
U  F  P  Y  E  B  Þ  N  F  P  X  V  D  M  L
O  Ó  E  T  N  U  R  Ö  J  F  O  S  H  W  X
R  L  J  Q  R  S  J  Ó  R  U  R  Ð  Ö  L  B
G  Ó  H  F  E  U  H  E  D  G  E  H  O  G  H
P  S  A  T  H  P  Ð  N  E  F  I  Ð  G  V  Ö
Ö  R  U  G  G  U  R  I  J  N  Y  G  E  K  R
F  K  P  E  S  F  K  Q  N  N  A  Ó  L  F  M
T  P  E  P  Y  D  E  M  Y  E  D  T  R  F  U
P  H  U  X  C  M  P  I  Y  K  N  I  A  G  N
J  W  X  C  F  D  E  K  Z  B  U  G  Ú  M  G
K  J  Ú  K  L  I  N  G  U  R  L  E  R  H  X
M  E  Ð  F  E  R  Ð  U  M  S  R  R  T  P  L
```

TIGER	FLÓANN
ÖRUGGUR	MEÐFERÐ
HÖRMUNG	KJÚKLINGUR
FJÖRU	HERNEMA
ÞURFA	LUNDA
PEA	SÉRSTAKA
NIÐUR	TRÚARLEG
GLEYMT	SÓLÓ
BLÖÐRUR	HEDGEHOG
NEFIÐ	SJÓR

Puzzle 42

```
E  E  D  D  F  T  V  R  L  I  G  H  E  S  A
F  L  J  C  S  I  J  C  A  N  X  Ö  I  F  G
D  E  D  A  X  Ð  R  L  R  F  G  N  N  Á  E
G  U  T  A  R  Á  B  O  Y  E  Q  N  S  B  N
C  T  T  G  V  R  K  G  E  U  V  U  T  Y  T
Ó  C  W  E  M  É  L  P  H  J  E  N  A  R  T
N  Á  Ð  L  V  S  L  Y  L  G  S  X  K  G  H
A  N  R  I  V  Z  A  Q  I  G  T  P  A  Ð  P
C  C  Q  M  G  J  Z  M  T  Y  U  T  X  B  O
M  U  L  Æ  V  K  M  R  A  H  R  I  T  F  E
S  Y  F  S  D  V  S  X  N  Á  P  N  J  Z  I
W  Ó  S  K  Y  N  S  A  M  I  R  E  J  Z  P
J  A  R  Ð  A  R  B  E  R  Ú  T  L  I  T  H
B  A  N  D  E  A  G  G  Ö  R  L  Í  T  I  Ð
```

SÆMILEGA	JARÐARBER
ÁRATUG	EINSTAKA
HARMKVÆLUM	ÁHYGGJUEFNI
AGENT	NÁÐ
ÖRLÍTIÐ	RÁÐ
KORN	ÓSKYNSAMIR
ÚTLIT	TILHEYRA
EFTIR	ÓTTAST
ELDAVÉL	VESTUR
ÁBYRGÐ	HÖNNUN

Puzzle 43

```
M  Z  A  H  X  F  I  S  T  E  F  N  A  K  N
Y  I  Y  J  B  K  B  R  D  S  K  Q  S  U  F
C  A  N  I  Ð  Í  T  L  Á  M  D  L  Ö  V  K
Q  Ð  O  N  B  Í  L  L  U  F  F  Ú  K  S  J
D  Á  S  R  S  F  N  T  H  O  A  R  I  L  L
H  R  B  Q  R  T  L  U  E  S  K  N  Z  J  R
E  L  D  H  Ú  S  B  B  I  D  L  I  G  E  P
W  L  D  T  X  Q  N  B  Q  E  Z  G  E  A  R
V  K  H  A  P  P  Y  C  Q  F  W  I  R  Ð  U
Ý  T  A  K  Y  G  Z  A  J  F  K  E  T  A  Z
D  M  P  K  R  R  F  P  M  U  H  T  K  L  E
R  N  Q  E  N  O  A  G  U  Z  B  S  P  B  O
H  B  W  R  Ö  J  M  S  E  M  L  E  V  X  E
D  T  O  D  L  D  I  Ð  R  E  V  S  R  B  N
```

BÍLL	STEFNA
FANGA	BLAÐA
ELSKA	THUMP
DREKKA	SVERÐ
MINNST	SON
RÁÐA	SMJÖR
HAPPY	ÝTA
EIGIN	ELDHÚS
SKÚFFU	SEST
KVÖLDMÁLTÍÐINA	GILDI

Puzzle 44

```
Y  K  S  J  A  M  P  Ó  N  Þ  T  M  H  B  A
L  J  R  A  M  A  A  L  Z  Y  A  Z  P  K  M
A  A  U  B  Á  M  M  B  P  N  E  Q  A  W  M
Y  U  G  L  N  X  Ó  J  F  G  B  S  F  X  O
O  X  N  Á  U  N  G  A  M  D  J  Q  H  W  R
R  K  I  R  D  O  I  B  C  A  L  F  U  R  T
N  V  N  I  A  F  L  N  G  R  I  Y  L  M  S
Q  F  R  E  G  T  U  I  I  A  R  L  E  C  H
C  P  Y  R  U  P  K  H  F  F  W  M  Y  D  U
R  K  H  D  R  D  D  P  R  L  O  J  F  Þ  N
Z  T  Í  L  T  C  P  M  Z  X  N  K  A  R  D
A  D  R  A  P  Ó  L  I  T  Í  K  O  A  E  R
Z  W  Þ  H  V  E  T  J  A  T  H  S  L  P  U
L  E  I  Ð  T  O  G  A  F  U  N  D  I  A  Ð
```

SJAMPÓ	LEYFA
MAGN	LAG
HUNDRUÐ	ÞREPA
BÓNDI	OFT
HVETJA	ÞYNGDARAFL
BLÁR	SAKA
MÁNUDAGUR	PÓLITÍK
TROMMA	ROYAL
ALDREI	LEIÐTOGAFUNDI
TRUFLA	ÞRÍHYRNINGUR

Puzzle 45

```
S  P  E  N  N  T  A  C  E  L  O  P  N  L  B
E  M  S  O  Q  Z  N  A  N  N  E  K  S  Ö  G
O  K  A  M  Æ  T  J  S  W  P  O  P  C  G  W
K  S  C  F  N  Ý  Z  T  C  B  L  E  Z  R  R
K  Q  N  U  N  V  G  O     L  Á  G  T  E  D
K  R  E  K  K  N  S  L  Ö  X  L  J  F  G  S
Q  X  P  G  W  K  G  T  K  O  L  L  N  L  W
R  G  N  Z  Y  G  E  R  Ð  I  U  F  B  U  C
K  D  L  R  A  K  K  O  S  G  Z  Æ  W  M  I
B  R  E  Y  T  I  N  G  M  P  U  R  O  A  Q
M  D  Á  R  K  S  G  A  D  X  R  I  S  Ð  J
N  X  B  V  F  F  Ð  S  K  Y  L  D  A  U  U
L  G  W  Ð  R  U  B  M  A  R  F  U  C  R  P
S  E  J  F  R  A  M  T  Í  Ð  P  Z  K  G  J
```

SOKKAR	KNÝJA
SKYLDA	FÆR
PENCASE	ÖXL
GERÐI	RYK
TÆMA	DAGSKRÁ
FRAMBURÐ	POLECAT
KENNA	LÁGT
LÖGREGLUMAÐUR	FLUGMAÐUR
BREYTING	SPENNT
FRAMTÍÐ	STOLT

Puzzle 46

```
D R E K A F L U G A M K S Q S
W J A T T G E L A N Á J K H K
C R M A D L A F L Ú Z O U I R
K U H N M Ó T E L C U L L M Í
M N R U G R Æ N M E T I D I M
D I X R A P O K L J C T B N S
L V R P A K C T T Í U Z I N L
B Ó F P K N T R Ú A K G N O I
Y B H U J V T X W Z O A D T X
Y L Ð V N B T G L N L Ð I F D
H A L L Ó C Y Q Q P M E N B T
T Ö N N O C E Q B S A V G H T
A L G U L Q R O G Y S K U Q F
U Z V O R N Þ O N Z C Á L I K
```

SAMLOKU
ÚLFALDA
MÓTEL
HALLÓ
UPPRUNA
NOKKUÐ
TÖNN
SKULDBINDINGU
HIMINN
ÓVINUR

TRÚA
KJÁNALEGT
ÞREYTT
LÍKA
GRÆNMETI
CURRANT
DREKAFLUGA
ÁKVEÐA
SKRÍMSLI
KOPAR

Puzzle 47

```
F  M  L  R  L  Ö  G  R  A  V  L  E  K  O  B
L  N  I  G  D  S  M  R  O  N  F  A  T  Á  L
Æ  A  L  I  Q  A  O  Y  S  T  J  A  N  I  D
K  T  G  S  P  M  O  F  O  H  N  R  U  D  X
J  U  F  N  V  K  H  Ó  P  U  R  U  T  N  I
A  L  O  R  A  O  B  A  N  V  Æ  N  N  A  K
L  H  R  Á  D  M  A  P  W  P  R  S  T  Ð  I
L  T  M  J  R  A  D  T  J  J  B  B  K  Ó  E
A  Ú  L  H  R  E  Y  F  I  N  G  T  K  J  L
H  S  E  F  L  Ö  S  K  U  R  R  E  R  B  U
D  J  G  S  B  P  V  G  J  T  K  K  K  M  R
J  M  A  P  P  S  Y  V  Z  R  X  J  J  A  E
G  N  N  X  Y  J  E  E  O  U  G  L  A  R  V
L  X  G  D  O  B  X  N  I  J  J  J  Y  Z  F  S
```

BANVÆN	AGNA
VERULEIKI	LANDI
ÚTHLUTA	HÓPUR
FYRR	LÖG
HALLA	FORMLEGA
HREYFING	UGLA
SAMKOMA	ROTNUN
LÁTA	VAR
JÁRN	FLÆKJA
FLÖSKUR	FRAMBJÓÐANDI

Puzzle 48

```
U V M R R D B V Z H N H R C Z
Y Z P U M Ý V Q P W R R B J G
L M F X S R U T S E H E L S Í
S L I C K T L N V U O Y Ó K R
Ú R B Ð S J X D M T R F M R A
H Z K U L P A Ð Ó J B I A I F
K Y B F E U D V O I D M S F F
I V B Ö G A N K I E R Y Q A A
E Z I H Q F Y G Y L J N R A B
L O Z K Y K S N S U S D W O H
W H G P M S E V E S Z I W Z Q
B Y S S U Y S I A D Y R R J G
E V Y L C H N A M A R F Z I E
N I E E R S A D N U T S K T H
```

STUNDA	KVIKMYND
BARN	GÍRAFFA
FRAMAN	BLÓMA
DÝRT	BYSSU
SYNDA	MIÐLUNGS
SKRIFA	BJÓÐA
VOID	REIKNA
HREYFIMYNDIR	HÖFUÐ
LEIKHÚS	DAISY
ÚLFUR	HESTUR

Puzzle 49

```
T  Z  W  A  A  O  W  K  Y  V  P  M  E  B  M
R  Ó  M  J  T  P  M  C  D  E  T  C  I  H  M
O  U  M  M  Ö  M  U  Ð  G  I  R  B  N  O  V
Q  N  F  A  T  R  D  Q  G  F  N  C  N  B  O
U  N  H  O  T  X  E  T  E  D  W  Q  I  A  V
G  Ö  P  M  Z  A  Ú  N  S  N  W  E  G  D  O
Æ  P  S  U  Y  I  R  U  N  Í  S  Ú  R  G  L
L  E  N  G  R  A  U  C  X  S  B  I  T  E  S
R  D  Y  U  M  V  U  H  E  J  V  Y  I  R  I
A  I  K  K  A  R  K  V  I  L  T  R  P  Y  J
J  Z  L  Y  S  T  O  A  T  Q  R  U  M  R  O
F  G  R  R  H  A  N  S  Q  Y  R  O  D  J  M
O  R  A  Y  T  S  A  L  F  A  U  N  N  I  V
Q  B  K  F  O  K  B  B  Q  A  V  N  U  E  A
```

SNÚA	ÖMMU
KRAKKI	LENGRA
FYRRI	VINNUAFL
VONBRIGÐUM	ORMUR
KARLKYNS	BADGER
RYKUGUM	HANS
VILT	PÖNNU
TOPP	TÓMATAR
FJARLÆG	RÚSÍNUR
EINNIG	STOAT

Puzzle 50

```
S  A  M  S  P  I  L  Z  I  V  Z  P  T  D  G
M  R  A  V  W  R  I  T  T  Á  A  E  W  R  R
E  Q  A  Z  U  R  R  F  R  Z  N  S  H  U  A
T  Z  C  M  X  H  O  L  U  G  A  T  A  L  S
N  F  Æ  M  A  R  K  M  I  Ð  M  E  L  L  N
A  R  X  P  N  J  Q  N  Z  W  N  F  D  U  A
Ð  T  X  B  I  X  G  N  P  L  I  N  A  L  F
U  M  P  W  T  U  X  G  B  X  E  U  J  S  N
R  F  Q  R  U  F  N  F  E  P  U  M  K  R  O
E  A  O  G  L  L  A  E  U  L  K  F  R  Ý  R
J  Q  U  G  H  Y  X  V  Z  C  I  K  E  K  Ð
O  E  C  J  U  F  X  C  X  G  N  Ð  M  S  R
L  Ö  G  F  R  Æ  Ð  I  N  G  U  R  Y  C  K
R  Í  K  I  S  S  T  J  Ó  R  N  J  B  E  H
```

TENGINGU	LYF
RÍKISSTJÓRN	STEFNU
ÁTTIR	RÆMUR
MARKMIÐ	HLUTINA
HALDA	EINMANA
MERKJA	SAMSPIL
DRULLU	EYÐILEGGJA
SKÝRSLU	LÖGFRÆÐINGUR
GRAS	NAFNORD
METNAÐUR	HOLU

Puzzle 51

```
Ð  Æ  V  K  I  E  N  M  B  D  S  E  R  R  S
A  C  H  E  U  V  X  D  H  A  W  J  W  F  T
S  U  M  A  R  R  U  T  Á  K  X  D  Ó  Z  A
C  B  R  K  I  Y  T  R  P  W  A  F  M  N  Ð
S  K  E  R  A  R  Y  E  H  L  Í  F  I  U  I
I  O  D  B  T  U  P  Ð  I  T  Í  L  S  G  S
Ð  K  N  Q  S  Ð  L  B  L  S  C  G  J  N  T
I  M  A  L  E  R  O  P  L  V  O  U  Á  Ö  F
N  X  G  I  F  O  C  N  O  E  W  M  V  L  K
S  A  M  B  A  N  D  I  A  S  S  V  A  S  A
L  F  G  Z  I  I  C  K  R  Q  F  S  R  S  L
T  V  X  N  R  M  V  T  N  K  W  J  Z  J  R
C  X  S  P  F  J  Y  A  P  S  B  V  G  Ö  E
P  G  M  L  C  P  R  C  X  J  S  Z  Z  S  N
```

FESTA	BLESS
SNIÐI	CATKIN
LÖNGUN	SKERA
HEYRA	SJÖ
LÍTIÐ	STAÐIST
NEIKVÆÐ	SJÁVAR
SUMAR	KÁTUR
NORÐUR	SAMBANDI
KURTEIS	SJÓN
LÍFI	GANDER

Puzzle 52

```
L P J R U T U L H A I Ð G A S
E R U I T S R Æ F R I F Y I H
O U D G I M T W G Ð Y T A S
J C O N D F N F A S A K Ó B W
U G T I N A W L B R J Ó T A I
K Q T N Y I É L S B R Q O C F
A T T G Q F Ð X R F Y V A M O
R M A K R Z T U A R B M W T R
S I R U Ð A M S R U Ð I E H E
A T H C N U X Z U S V Z C O L
O T X L V S N I Ð E T E I E D
X Z T E I X Y J A W H Ö W B R
N U R Ö V Ð I V M B K L Ð W A
K R A K K A R U P L E T S U W
```

RIGNING   KRAKKAR
MITT   BRJÓTA
BÓKASAFN   KARSA
YFIRFÆRST   MAÐUR
VIÐVÖRUN   HRATT
SAGÐI   NIÐURSTÖÐU
BRAUT   HLIÐ
BYRJAÐI   HEIÐURSMAÐUR
STELPUR   FÉLAGIÐ
HLUTUR   FORELDRA

Puzzle 53

```
Z D T T U A N A Ð Í S O T U A
Y U O S G O O S E B E R R Y G
N K S U G N I G I E N H L I T
S L J A T L E S D B F V W U K
D Ó Á L K N M J Z V I I C N B
B F L S I E U U Y T S Ð L B K
U S F G L E R W A O K H A H A
T F U N B K R D J Ó U O U V I
J R R A A T Y T G L R R S A G
A A U G N Z F T N U N F N M C
V T Ð L G E E Q Y G L V I P I
D S U I U F P E S N B F N I F
N S S T A Z C E T Ó W S O R H
M P U Q S E A G B K V N B E O
```

VIÐHORF
VAMPIRE
SJÁLFUR
AUGNABLIK
FLUGDREKA
SYNGJA
LAUSNIN
FYRRUM
SUÐUR
FISKUR

NAUT
TILHNEIGINGU
FET
ELTA
TILGANGSLAUST
GOOSEBERRY
STARFSFÓLK
KÓNGULÓ
SÍÐAN
SKOT

Puzzle 54

```
E U H D X U F Ó T U M W V S V
F O M O H S U N N S G A I A M
T H V E R N I G Y F A F Q P A
I X R B J O R G M N R T M B B
R Z K M N G L S O E U H Æ S O
S N N M S P P H V T K E V M L
P U A L H O U H X A Í I A H L
U M V F T G M G G S R L N R A
R O S T G U T N Ö L P D D I K
N H A V I Ð U R K E N N A N Ö
Y B N V A R Ð V E I T A G G K
G S I K A S U S T I G O A R U
X M E C C N E B U P T X M Á I
M L M H E I L S U R Æ K T S O
```

SPOTTA   BOLLAKÖKU
MAGA   MYNT
STIG   VIÐURKENNA
HEILSURÆKT   MEINA
HEILD   FÓTUM
VARÐVEITA   OST
HLAUP   RÍKUR
UMHVERFIS   HVERNIG
EFTIRSPURN   PLÖNTU
MÆTAST   HRINGRÁS

Puzzle 55

```
F R E K A R A Ð A G L E H H S
R P Z B B M L B Z S Z W S E A
A T S I L R X V R Q Y H T R N
Þ Ö L A M B A K J Ö T G F M N
N F M T D Q F K U X U E A A F
M D G A W Z E Q J F Æ F Ð N Æ
B D Y B W X Þ U Ö G T F I N R
C L J R G V Z G X X L G R I A
A D W Ú J M J Q H O A W G P V
M D X B P I R T S T S B O M H
G G E L U T T Æ H A T E S R O
M U N A C E F L J Ú G A P G G
E F N A H A G S L E G T Z V W
V A N D R Æ Ð U M T A S S H O
```

GROWL	LISTA
FAÐIR	HÆTTULEG
BATA	FLJÚGA
HERMANNI	FÖT
DJÚPT	HELGAÐAR
LAMBAKJÖT	SANNFÆRA
MUNA	ÞARF
EFNAHAGSLEGT	VANDRÆÐUM
ÆTLAST	FREKAR
GÖFUGT	ÞEFA

Puzzle 56

```
V G G W T D I B A R A T E P P
S I E R B Í B J V T R E R L O
K S T I A O M Í R W D D T J R
U K S L H M R A R Æ F Ð Á R T
R A U E A G M G R G Z F S Q R
Ð M D E Ð U O P A I M K J C E
U M N F O X S G N R T B Á C T
R S U R T W D N Æ N A P L Z T
Z T F A S E A I H B A L F V Þ
E Ö C T Ð J C K Ö R F U E C R
C F T S A B G K Y D X S V G Ó
S U H E F T P E N G Y Z A Q A
D N J I H G K Þ G D B O E M J
H P R Ó F S K Í R M O R G U N
```

BARA

MORGUN

FUNDUST

SJÁLF

AÐSTOÐA

ÞRÓA

PRÓFSKÍR

KÖRFU

ÞEKKING

VITLAUS

RÁÐFÆRA

BORGARALEG

TÍMARIT

HÆNA

STARF

RÍM

SKURÐUR

PORTRETT

FEEL

SKAMMSTÖFUN

Puzzle 57

```
K  X  N  Z  S  T  H  A  Ð  Æ  R  B  V  E  A
Á  L  T  Q  É  D  L  M  A  Z  É  A  J  T  L
S  V  Á  Q  S  V  K  Ó  G  Z  T  D  S  T  N
K  I  L  R  T  M  B  J  A  U  T  E  E  U  P
O  T  W  A  I  E  I  R  D  G  R  X  J  C  A
R  J  G  U  R  Z  K  Ð  D  F  W  S  U  J  S
U  M  Z  R  U  H  R  F  L  Z  Q  W  F  E  É
N  A  R  I  N  F  E  A  Æ  A  A  Y  B  R
K  P  Y  L  Í  W  M  R  J  D  G  N  L  N  S
U  B  T  A  L  I  T  A  G  R  P  A  Q  S  T
I  E  D  U  T  S  U  K  Í  R  H  T  F  E  A
Y  C  N  K  Ó  S  N  N  A  R  Þ  Ö  G  N  K
X  S  U  U  L  R  Y  Þ  G  Ú  M  M  Í  V  U
I  F  V  R  R  E  G  N  B  O  G  A  Y  L  R
```

REGNBOGA
ÞYRLU
ÞÖGN
ÁSKORUN
RJÓMA
GJALDDAGA
SÉRSTAKUR
BRÆÐA
RÉTT
KLÁR

LÍNURIT
RANNSÓKN
MERKI
LAUKUR
SÉST
GÚMMÍ
RÍKUSTU
FARA
FRESTA
MIÐLÆGA

Puzzle 58

```
V  R  A  Y  H  R  Y  Ð  J  U  V  E  R  K  L
E  B  H  R  F  A  U  Ð  V  E  L  T  N  E  E
C  F  J  A  Ð  I  R  E  V  S  H  F  J  Ó  I
Y  Y  I  N  G  K  R  A  Ð  Æ  R  M  U  G  K
L  U  B  A  K  H  O  L  I  F  E  R  T  N  A
S  J  O  C  H  L  S  Ð  E  I  A  Q  O  I  R
D  R  E  I  F  A  S  E  X  I  K  P  S  N  I
B  A  P  C  P  L  E  J  F  Ó  T  Æ  R  T  S
E  P  P  B  S  I  F  L  K  U  K  T  B  H  F
O  P  N  X  A  Ð  Ó  T  S  A  D  L  A  H  R
P  Q  X  J  X  A  R  Z  S  T  L  F  T  D  Æ
K  U  T  F  X  I  P  E  U  C  P  L  X  V  N
M  I  Ð  V  I  K  U  D  A  G  U  R  A  G  K
F  Æ  R  A  N  L  E  G  T  Z  Y  U  B  G  A
```

MIÐVIKUDAGUR	HRYÐJUVERK
HIPPO	YFIRLEITT
FÆRANLEGT	EÐLA
DREIFA	VERIÐ
HALDAST	KALLA
LEIKARI	UMRÆÐA
AUÐVELT	AÐILA
FRÆNKA	ÓGNIN
CANARY	TREFIL
PRÓFESSOR	STRÆTÓ

Puzzle 59

```
L L A Ð E M B G Ö M L U Ó M L
E L G B A T U Y V V I F H D E
Y U E Y T M R T A X A U R A I
N Q L C Z Ö Ð D R R M N E F K
D N S X D A A P A V Í D I T A
A G I D Q Y R S R V T I N U R
R X Ð F H J T R O M Ú R T R E
D V R Z E M Ö A B I N O W T K
Ó J E V X G S G I N R I A K A
M M F R D E K C N N U E P M S
A M Ð F N H U W S I S S E Þ T
R A I L V O N F L Ý T T I B R
T O S X B F A F U W A T X M F
H J Ó L R E I Ð U M F M E U D
```

AFTUR	NÚTÍMA
REKAST	SIÐFERÐISLEGA
ROBINS	BURÐARTÖSKUNA
FARAST	LEYNDARDÓMAR
UNDIR	ULL
FLÝTTI	GEFINN
MINNI	ÓHREINT
LEIKA	HJÓLREIÐUM
RÖDD	GÖMLU
MEÐAL	ÞESSI

Puzzle 60

```
E W É V R G N I T N Æ V R Ö R
J I F A L J U R A N Q I H N O
L V Ð V V V F T W D E R Z T C
P Í U H C G L L Ú N T I X V K
S H A Z X A Á N L I P S C Z E
B W S T K V J H L U S T U N T
H S K J D A Þ K O H U T H A U
M A G N I R E L O H G O G Ð F
B O Ð I P T F G P N R K Z E A
M Á L V E R K N E G S W V M G
K D L W W T C G L Æ G R A T N
O M R U G E L A R Ý T N I V Æ
R C W H W A S A M S K I P T I
H O H R O K K I N B L A Ð A S
```

HLUSTUN	POOL
LÆGRA	MAGNI
ALGENGT	ÖRVÆNTING
KALT	NÚLL
SAUÐFÉ	MÁLVERK
BOÐI	HROKKINBLAÐA
AFI	SÍÐAR
MEÐAN	IRIS
ROCKET	SAMSKIPTI
ÆVINTÝRALEGUR	ÞJÁLFUN

Puzzle 61

```
C G E I H P T P K C B R V F V
Z B N O V T D U M L L E A E I
F K D W E Y I Q I Q Í G W R B
E Q A S M S Q T P Q Ð L I L R
L P N I Á A U Ó A U U U G U A
L G L X N R F J D Q R G U U S
I J E T Ú Æ Á L N A V E T G M
B Q G S V L O F I U N R O H X
Y E X K E E R Q B S U Ð X J M
L I M Ý R R F I S R K D W S J
B M Q R A U H N W Y T M Y H K
Z C B A N V L H T X O R B J O
T H I P D J R B Q J N T G N I
G W K V I F R A M K V Æ M A S
```

ÁRÁS   BLÍÐUR
REGLUGERÐ   NÚVERANDI
FLJÓT   VAN
ENDANLEG   FELLIBYL
LITUR   VON
NOTKUN   SETT
BINDA   AUGU
API   FRAMKVÆMA
LÆRA   SKÝRA
ERU   HORN

Puzzle 62

```
P  X  S  L  P  G  D  N  O  A  S  Y  E  U  O
Z  L  G  O  R  A  M  I  K  I  Ð  R  U  F  B
F  M  Ö  K  I  R  K  J  U  X  Q  U  J  H  E
U  S  L  N  R  Á  Ð  G  Á  T  A  F  A  I  Y
S  K  Q  H  T  A  L  A  S  E  C  T  X  R  I
E  I  H  M  É  U  K  Ú  R  E  K  I  N  M  R
M  L  Q  X  L  Í  R  U  Ð  R  E  V  Í  H  Y
Y  I  I  D  A  T  X  M  K  O  K  S  Z  R  E
V  Ð  N  Y  S  U  V  E  R  S  T  U  P  Æ  T
F  J  Y  N  K  R  I  V  F  L  Á  J  S  D  Y
M  P  I  Z  K  Ö  M  A  R  K  A  Ð  O  D  G
U  N  T  O  O  J  Á  S  T  Æ  Ð  A  N  U  O
Y  I  F  H  H  F  H  A  R  Y  Z  U  U  R  F
P  E  R  S  Ó  N  U  L  E  G  A  K  D  D  B
```

KÚREKI	VERSTU
KIRKJU	RAUÐA
MARKAÐ	ÁSTÆÐAN
PERSÓNULEGA	LÉT
PLÖNTUR	SEM
VERÐUR	EYRI
SKILIÐ	SÍMI
SALAT	RÁÐGÁTA
SJÁLFVIRK	IIRÆDDUR
MIKIÐ	FJÖRUTÍU

Puzzle 63

```
U  K  Y  U  O  A  J  K  K  Y  Þ  M  A  S  K
B  N  G  Ö  G  A  Í  D  S  H  Þ  V  O  U  Ö
Ó  U  D  N  O  R  E  H  T  R  D  N  A  B  R
M  T  V  I  T  Ö  K  Q  Á  U  T  W  I  E  F
U  M  E  I  R  R  A  T  L  L  S  Z  U  I  U
L  M  L  I  A  B  T  Ó  N  L  I  S  T  T  B
L  E  Y  C  G  W  Ú  X  M  T  F  W  Z  A  O
D  K  Q  I  N  K  Z  A  F  G  O  T  D  L  L
H  S  G  R  I  R  A  F  L  Á  J  Þ  A  C  T
M  R  I  T  M  L  O  F  T  S  L  A  G  H  A
Q  J  N  O  L  K  M  B  P  F  U  I  S  E  R
X  Q  N  U  Y  U  Z  H  L  J  Ó  Ð  L  L  N
E  K  A  M  K  J  Y  T  X  Y  V  J  A  L  H
C  U  Þ  K  S  V  J  R  L  N  B  A  C  A  P
```

LOFTSLAG	HLJÓÐ
KÖRFUBOLTA	ÞRÁTT
STÁL	GÖGN
HELLA	UNDIRBÚA
LITRÍK	BEITA
ÞANNIG	RIT
BÓMULL	RÖR
HERON	SKEMMTUN
ÞJÁLFARI	TÓNLIST
SAMÞYKKJA	SKYLMINGAR

Puzzle 64

```
A D A B L I V U R Ö V O R V G
A N T Ý R K S A N A N A M E B
K E S Æ E U G A L R A L Ó S P
E G K J H N S K Ó Ú T D A U Ð
N G X T I I V T C V O A M M A
V K R K T Á M O I D L A V F A
B H K H E R T R N A A G F E C
N E L I S K Z C Ð S P Í N A T
Þ C M X R S D A S E K U R I T
P C M V O G G R E I N A R G I
L C M O F A V V M U O X Y P F
W S X M Q D O Z I C M K P J R
K V Ö L D V E R Ð U R B L C E
R L Á R S F J Ó R Ð U N G I F
```

FORSETI
KÆRI
VALD
SEKUR
SPÍNAT
ANANAS
VÖRU
ERFITT
KVÖLDVERÐUR
HER

ÚTDAUÐ
AÐAL
ÞEKKINGAR
SÓLARLAG
SKÓ
AMMA
ÁRSFJÓRÐUNGI
DAGSKRÁIN
SKRÝTNA
GREINAR

Puzzle 65

```
T  K  R  Y  G  N  R  M  M  Z  I  S  H  F  S
R  A  Ð  R  E  V  L  Q  U  D  M  E  E  C  T
Y  N  M  Á  N  U  Ð  I  N  U  D  L  I  I  Ó
G  Í  L  R  C  I  O  A  T  H  G  J  L  I  R
G  N  Q  E  T  X  F  L  Á  R  R  A  B  H  K
V  A  A  A  Y  Í  R  T  B  F  B  N  R  E  O
R  E  H  P  R  S  X  I  T  H  D  D  I  L  S
E  B  S  H  C  M  A  L  U  B  M  A  G  M  T
F  O  L  T  S  Ó  L  R  Í  K  A  I  Ð  I  L
U  D  B  A  R  E  Y  Ð  A  U  M  V  U  N  E
R  H  C  J  H  Æ  M  P  Z  V  Y  F  T  G  G
L  K  T  G  E  L  N  Y  S  Ð  U  A  N  U  A
U  F  G  O  K  N  U  A  L  Ð  R  E  V  R  R
F  J  Ö  L  S  K  Y  L  D  A  S  S  Ú  L  B
```

HRÍFANDI	VERÐA
SELJANDA	BLÚSSA
KANÍNA	LEYSA
BÁTNUM	HEILBRIGÐU
FJÖLSKYLDA	VERÐLAUN
TRYGG	STÓRKOSTLEGAR
LITLA	EYÐA
HELMINGUR	VESTRÆNA
NAUÐSYNLEGT	REFUR
MÁNUÐI	SÓLRÍKA

Puzzle 66

```
U  C  W  R  A  K  K  O  V  K  R  F  L  I  X
D  D  K  D  F  C  L  J  I  Ð  O  B  G  K  X
V  D  L  K  T  U  H  T  Y  R  S  V  A  R  A
X  A  A  O  U  E  T  G  E  L  U  G  Ö  M  R
V  I  U  M  N  S  N  L  O  C  G  B  W  C  E
I  N  K  I  J  A  D  G  Z  O  J  S  G  C  G
L  N  N  Ð  F  R  J  I  S  B  P  V  U  M  L
B  I  I  T  I  B  G  G  Y  L  R  H  F  P  U
C  H  N  F  T  A  M  H  Æ  S  T  A  U  T  S
R  A  G  L  U  K  V  F  O  A  E  R  E  F  T
J  L  B  Á  R  I  E  M  Z  G  L  F  I  L  I
K  D  S  J  W  V  J  P  W  Ð  R  A  F  N  K
W  A  Z  S  D  T  F  U  S  G  N  V  F  X  U
N  N  N  K  F  A  E  V  G  U  N  V  U  Y  M
```

AUKNING	BOÐ
MEIR	TENGSL
REGLUSTIKU	INNIHALDA
SJÁLFT	VALDA
MÖGULEGT	GUFU
ATVIK	SVARA
OKKAR	HÆSTA
BAK	KOMIÐ
VAFRA	FITU
BIT	FORELDRI

Puzzle 67

```
V A N D A M Á L Z M U A F S F
E D B D U Í N P T Z Ð S C A Y
S H G F I G U L S R Æ F E M R
B L L N G D A Z W W H V T K I
S T Y K K I R S G K P F L O R
N P W U A L L I R R P V U M T
V K O R H T I K E R U B T U Æ
D L C Q Y A T Æ J N Z T Í L K
B Æ V E R J A T A T S E Ð A I
F G M U A S S R I L O W G G T
Q J N I P J N I K L G G Q A Z
O W F R F T U R I U L E T Ó H
E T H L E C H Y X F T A R E B
N P O B K V I F K N L A S X N
```

BERA
UPPHÆÐ
FULLT
FYRIRTÆKIS
FYRIRTÆKI
FÆRSLU
KLST
TILRAUN
STYKKI
HUNSA

SAMKOMULAG
VERJA
GOS
VANDAMÁL
ALLIR
NÍU
HÓTEL
TÍÐ
DÆMI
REGLA

Puzzle 68

```
Y  S  K  Y  A  T  T  Æ  H  D  J  B  M  F  B
B  R  D  L  Í  T  S  R  E  B  N  I  P  O  R
P  A  J  L  W  I  E  Z  I  F  Q  R  T  X  E
L  Ð  R  O  N  X  N  J  M  U  G  E  V  V  N
H  Á  U  H  B  R  G  Y  S  B  R  H  L  A  N
E  N  G  I  L  L  I  E  K  O  I  X  U  R  A
W  Ó  N  S  Ó  Ó  T  T  U  Ð  N  R  V  K  N
Z  E  I  Í  J  H  S  M  R  U  Ð  P  I  Á  D
Y  G  L  V  H  M  O  Ý  I  M  R  C  O  R  I
I  O  K  U  R  F  R  P  N  B  O  J  D  C  S
D  E  Ú  R  O  U  W  T  S  I  L  A  Ð  R  O
T  U  J  Ð  T  B  A  N  N  A  L  M  C  O  I
K  R  S  Ö  Ö  M  L  L  Y  O  U  E  K  A  O
C  P  E  W  M  W  J  O  F  E  F  R  G  I  R
```

BOÐUM
STÍL
OPINBER
ÖÐRUVÍSI
ENGILL
VEGUM
BRENNANDI
MÓTORHJÓL
VARKÁR
LADY

ENGI
HEIMSKUR
SJÚKLINGUR
HOLLY
ÓNÁÐA
ORÐALIST
BANNA
ÓSÝNILEG
HÆTTA
FULLORÐNIR

Puzzle 69

```
N  Æ  R  F  O  H  M  S  M  V  D  R  R  X  F
D  P  W  Z  V  A  I  L  Q  I  B  G  E  X  H
Þ  Á  T  T  I  T  L  P  R  U  F  A  Y  B  P
F  W  S  T  S  A  L  S  J  Ó  Ð  A  N  N  T
Y  R  E  D  S  I  J  E  L  D  U  R  A  Æ  K
W  D  Æ  A  U  M  Ó  M  T  A  I  E  N  F  R
H  B  U  N  S  G  N  I  E  B  A  X  K  H  E
E  G  G  Ö  D  E  L  O  Z  S  K  A  A  Z  V
L  R  P  V  Z  A  L  Y  B  F  O  P  S  J  T
A  C  K  G  G  N  I  N  T  E  S  M  A  S  U
F  O  R  T  J  A  L  D  V  L  I  E  V  Y  L
V  N  V  P  V  M  I  I  Æ  J  E  P  L  C  H
M  B  B  K  M  E  H  F  R  W  F  Q  R  W  E
P  E  N  S  I  L  I  N  N  U  F  D  R  O  P
```

PENSILINN	HLUTVERK
BEIN	SJÓÐA
DÖGG	TVÆR
WEASEL	NÆR
REYNA	HATA
RÆNA	ÞÁTT
SAKNA	SAMSETNING
FORTJALD	PRUFA
VISSU	ELDUR
FRÆNDA	MILLJÓN

Puzzle 70

```
K  J  Í  W  E  G  X  S  T  Z  P  Z  B  A  S
Ö  T  K  R  E  T  S  A  Í  Y  V  Q  D  K  T
F  B  O  E  R  B  N  M  M  G  Á  L  S  A  U
U  O  R  F  I  F  S  E  A  P  I  N  R  L  Ð
N  R  N  A  Ö  S  Z  I  L  G  D  Z  C  S  L
Z  C  I  H  L  I  F  N  E  R  L  S  A  Q  A
A  T  T  C  G  G  O  A  N  O  E  P  F  K  F
N  A  H  P  G  X  U  W  G  A  B  X  M  A  W
B  A  N  A  N  I  Q  F  D  G  F  T  Æ  U  I
M  O  F  A  Q  R  W  C  V  N  O  K  L  P  K
L  B  B  M  M  Ð  Z  T  E  Z  I  D  I  J  C
S  B  G  Y  F  I  M  I  N  N  I  S  B  Ó  K
M  P  K  Y  H  N  U  N  F  O  T  S  N  E  W
O  R  Ð  A  F  O  R  Ð  A  Þ  E  I  R  G  Y
```

ATHÖFN	ÞEIR
ÍKORNI	STUÐLA
SLAKA	STOFNUN
OFBELDI	MINNISBÓK
TÍMALENGD	ORÐAFORÐA
FUGLAR	KAUP-
KÖFUN	SLÁ
STERKT	AFMÆLI
SAMEINA	GILDA
NIÐRI	BANANI

Puzzle 71

```
M K H N V I B T Z Y J V P B Á
N I V O U O D Ö G H T S E T B
R K E D A N B L V N N K N F Y
K U I T X I A V I J C A N J R
S U T B R É F A Ó R U J I Á G
V P I D K Y T K H K A G F R U
Þ R Ö N G T A H A S B G L F R
S J X L X L K R V U A I O E K
J V U Z L E E Æ K Y P L T S E
S K Ý J A Ð L D H T L A T T N
G T F A O N C D V O L T A I N
Y M E I R I H L U T I B R N A
A F V E G A L E I Ð A H A G R
R I T G E R Ð T B G B C M S A
```

KENNARA	RITGERÐ
AFVEGALEIÐA	SNJÓKALL
TÖLVA	ÁBYRGUR
TAKE	KAUPA
VOLT	HRÆDD
BRÉF	FLOTTARA
ÞRÖNGT	LIGGJA
FJÁRFESTING	PENNI
MEIRIHLUTI	AUKA
SKÝJAÐ	HVEITI

Puzzle 72

```
M Z D R K H T G E L G R O S B
K N A K E E Æ H Q Q K C Á F R
G R U Ð A L Á J R B Y A P J Ú
Æ O W X U P X D O Y K M S P N
S N W D Y F S T A M U N R S K
N T Ý I K U I Ð N A Ð U R L A
G R Ö U B L B L Í Ð L E G A F
E O I Ð L L A G H C D F E L A
G V G S U Y S H A R P E N E R
W H R E I K I S T J Ö R N U R
V É L V I R K I Q U J X B S E
U N B S K H E W O N R Í K J A
W Q Z K D V X G M K G I U V L
E L D A M Y E L G A E V A E U
```

STÖÐU
SORGLEGT
BRÚN
GEGNSÆ
IÐNAÐUR
GLEYMA
SHARPENER
ELDA
HELPFULLY
BRJÁLAÐUR

VÉLVIRKI
REIKISTJÖRNUR
KASSA
NORN
SPÁ
RÍKJA
BLÍÐLEGA
HVORT
FELA
GÆLUDÝR

Puzzle 73

```
S A N D K A S T A L A M I I A
X X M U N Æ R Ð U S H V L T N
Q D J I A S Ý L S Q V L S G N
E L R W G G E E G Q I R K A I
Q A N F E N L I T M U O M N P
F Y I A L Y N Y W B A L T G Z
K M I K M T V Y N C C L F A P
M Y E P A D F N I I E E E N F
V W P K K Z A K P X I B R D R
I K S G Í T J Z R L S E S I Æ
S Ó L B L Ó M A O L Í U K T N
S T A F S E T N I N G L U X D
Á R Á S A R G J A R N B R E I
D L L K S R U G E L A Ð A V S
```

BLUEBELL
TILNEFNA
FARIN
FRÆNDI
STAFSETNING
ÁRÁSARGJARN
GANGANDI
LÍKAMLEGA
MILLI
SUÐRÆNUM

SANDKASTALA
EGG
VEXTI
TANNBURSTA
PINNA
FERSKUR
SÓLBLÓMAOLÍU
TÓK
LÝSA
SVAÐALEGUR

Puzzle 74

```
B  R  Ú  N  N  Ú  H  H  I  S  Æ  P  D  A  F
R  J  L  P  F  H  U  R  W  T  T  Á  R  G  P
H  R  I  N  G  D  E  E  T  A  B  P  V  E  R
I  B  F  M  H  N  Ð  I  Ð  R  O  W  A  L  U
D  O  H  N  M  O  P  Ð  Þ  Z  U  H  N  S  H
H  O  R  F  Ð  I  K  U  T  A  R  L  E  G  M
W  H  T  E  S  N  I  R  N  H  R  A  R  A  J
Q  Á  Y  K  D  N  K  U  C  Æ  S  N  I  L  D
S  D  N  A  B  M  A  S  A  T  P  P  A  É  G
H  E  A  N  H  K  X  G  G  U  H  O  B  F  C
B  G  N  S  Z  G  N  B  G  R  P  G  T  G  L
W  I  O  F  J  A  V  D  A  D  Ö  K  K  T  A
W  N  K  P  F  R  Z  Y  V  S  V  I  P  T  A
V  U  I  Á  H  E  R  G  H  V  E  R  J  U  B
```

ÁFANGA	ORÐIÐ
FÉLAGSLEGA	HÚN
HORFÐI	DÖKKT
SNAKE	GRÁTT
ÆTUR	HVERJU
ÆTTI	ÞAR
HREIÐUR	SAMBANDS
SVIPTA	HRING
VAGGA	KONAN
BRÚNN	HÁDEGINU

Puzzle 75

```
L  A  J  G  N  E  L  M  A  R  F  T  X  D  N
K  E  Y  P  T  I  D  A  U  B  J  A  L  L  A
Y  Q  Y  C  U  L  S  Ð  I  E  L  M  A  R  F
V  F  H  O  S  G  A  Ð  G  E  H  G  F  Y  S
E  D  I  L  S  N  W  Y  B  N  R  Q  E  D  P
I  Ó  A  R  G  U  D  V  B  Í  P  Á  I  G  R
K  N  D  A  L  B  Ý  J  N  R  J  H  M  I  I
U  A  H  V  T  Ý  R  A  P  S  E  U  I  R  N
R  L  O  T  V  H  S  X  L  A  F  G  N  Ð  G
G  E  L  Ö  D  T  Q  I  H  R  A  A  N  I  A
T  G  S  G  L  W  H  L  N  F  N  V  C  N  L
Z  U  I  P  M  A  L  B  C  G  N  E  Y  G  A
Y  R  H  P  R  E  Y  K  J  A  U  R  G  A  S
O  Z  A  U  B  X  W  P  A  Q  M  T  J  R  O
```

FRAMLENGJA	DYR
DÓNALEGUR	GRÍNAST
HEGÐA	REYKJA
FEIMINN	DÝR
KEYPTI	LAMPI
BJALLA	VEIKUR
FRAMLEIÐSLU	SPRINGA
UPPGÖTVA	GIRÐINGAR
HAGNAÐUR	YFIRLÝSINGU
ÁHUGAVERT	FANN

Puzzle 76

```
E V U D K P E P M S H A K L B
Y L R E V H N I E D U C Ð E O
Ð Z K V E A G E L U S S I V R
I M K R N G N Ö S K Q I Ð K G
L M O K K O V G L R F N R X A
E D N N Y K T Í U O V N O O R
G G F A N N Ú K L A K E B S A
G M W Z S L L A O O W T F A X
I A N D L I T A O K V J I M K
N O A R G G J C M F R E R T Y
G M Ö V V L M H Þ X Y O K Ö X
U U N U E Z V H Z A E U S K M
Y A D S Á Ð U R T W U A Q U X
S A M K V Æ M T M H O L T M A
```

EYÐILEGGINGU   ÖND
KVÖLD   ALLS
SELJA   ÞAU
ORKU   SAMKVÆMT
NOKKRU   TÍU
BORGARA   KALKÚNN
VISSULEGA   ÁÐUR
KVENKYNS   SKRIFBORÐIÐ
SAMTÖKUM   ANDLIT
TENNIS   EINHVER

Puzzle 77

```
S  X  I  P  U  A  K  Ð  Ú  R  B  A  S  S  Ó
A  U  G  A  C  N  R  Ö  B  A  M  L  Q  V  V
F  M  Q  P  A  O  C  N  T  M  Y  D  Z  E  I
Í  Y  J  R  B  J  M  N  H  A  R  U  A  I  Ð
R  N  F  R  C  U  P  I  D  H  U  R  W  G  E
D  D  I  Æ  D  N  B  G  B  K  C  U  N  J  I
L  F  E  Q  Ð  Z  A  N  C  K  V  I  R  A  G
Y  X  U  L  V  A  A  I  A  N  E  Ú  Ö  N  A
K  E  N  N  I  N  G  R  J  R  R  T  D  L  N
K  T  M  H  J  L  A  H  G  J  U  I  F  E  D
O  Y  A  F  F  A  K  S  G  G  O  B  V  G  I
R  P  Y  C  Y  Y  L  H  Y  G  N  Ú  P  T  M
G  E  U  J  L  Á  K  I  R  P  D  T  I  K  V
W  T  C  B  M  F  Q  U  T  T  Ý  W  J  E  H
```

CUPID
TRYGGJA
KENNING
BÖRN
BRÚÐKAUP
ÚTIBÚ
HAMAR
MÁLSGREIN
MYND
ÓVIÐEIGANDI

ROKK
ALDUR
HRINGINN
DRÍFA
SVEIGJANLEGT
ÖRN
YFIRBORÐ
ÝTTU
FÆÐA
AUGA

Puzzle 78

```
F  K  Ö  T  T  U  R  K  F  Á  V  A  Q  R  R
H  R  E  L  B  T  A  F  K  J  K  C  I  U  M
D  Y  Y  Ý  K  S  P  O  O  T  Ö  Ð  F  T  H
Y  F  U  S  N  A  K  Í  L  M  G  L  M  C  U
G  E  R  A  T  K  Y  L  B  R  N  J  D  H  G
J  A  F  N  O  A  Q  Y  I  Q  N  I  N  I  A
L  M  Q  T  Y  T  S  B  V  X  H  P  U  X  W
Z  R  E  T  I  S  P  I  Z  Z  U  H  G  A  P
L  A  Q  G  D  I  E  F  D  Y  R  D  E  V  L
W  V  W  P  Q  M  E  X  U  H  A  C  T  H  M
M  I  N  N  I  H  Á  T  T  A  R  W  O  G  B
N  I  Ð  U  R  S  T  A  Ð  A  J  Q  Z  H  Q
Á  R  E  I  Ð  A  N  L  E  G  U  R  I  E  X
C  H  L  N  V  B  J  Ö  R  G  U  N  U  D  U
```

HUGA	BIRGÐIR
FRYSTA	VARMA
MISTAKAST	JAFN
LÍKAN	NIÐURSTAÐA
BJÖRGUN	SKÝ
KÖTTUR	TJÁ
GERA	FJÖLDI
ÁREIÐANLEGUR	TEGUND
FAT	PIZZU
MINNIHÁTTAR	LYKT

Puzzle 79

```
T L N L S G A M Y Q H J L A B
Á I E D I Ð A S G U H P L D Y
R Ð K F E I G N G W U I V L R
A S T M Æ L S G T I Ð Y Q A J
V F A Ú C C M R C A K E L F A
S O R R L Y Q E S V Q B Q G N
T R V X P K K F V Q C J U R J
S I O V Ð I R Ð E V H B B A O
F N I D N A Á J L G O F I M G
I G R U T T Ö K I L L I V J H
R I R S A F Þ R E Y I N G A R
F Q M C O Y O T E M N P I A A
I A S N J Ó K O R N D X C Z A
S N Á T T Ú R U L E G A S R H
```

SVAR
SLÆMT
HUGSAÐI
MARGFALDA
AFÞREYINGAR
VEÐRIÐ
KLÚT
GIFT
SAMSTARFSAÐILA
NEKTAR

EIGN
LEKA
BYRJA
TÁR
VILLIKÖTTUR
SNJÓKORN
LIÐSFORINGI
COYOTE
NÁTTÚRULEGA
GLJÁANDI

Puzzle 80

```
N Ð Ú M A S E F I G J H L I M
E K A N N S K I X L L A W P S
M Z S P H C R Y X V U T H M F
A C I K I B Z L F G Ö U Ð Y U
N W E Y W V S F A T S R U B P
D L R I G E S R G B K Z L I E
A U M Q N G D D R W U L L I P
H R U G N A G N N I R F Ö B S
S Z F W G H N J F B R Q K N U
C T T U C O Y W C E N Q T H N
D B R I X L Þ L E C N D C M D
G A U M L J Ó S R W E M T A I
H E L G I N A T G E T U Ó D A
W Z I V I N A L E G T R Q D L
```

INNGANGUR   ÖSKUR
SEGIR   BURSTA
LAUGARDAGUR   PILLU
KÖLLUÐ   SUNDIAL
HAT   VINALEGT
DÓMNEFND   NEMANDA
SAMÚÐ   GAUMLJÓS
SVIPAÐ   HELGINA
GETU   ÞYNGD
KANNSKI   REISA

Puzzle 81

```
K  S  H  Á  P  U  N  K  T  U  R  U  L  R  M
A  J  G  G  E  L  U  P  I  K  S  C  V  U  Þ
L  Á  J  S  Á  T  T  A  T  Í  U  E  D  B  E
F  L  V  E  G  G  M  Y  N  D  G  N  I  G  M
I  F  G  U  A  R  A  T  S  P  E  E  T  C  A
E  S  A  G  G  U  K  S  R  L  G  G  G  P  R
V  T  G  O  J  G  Y  D  R  A  T  T  Ö  S  P
S  Æ  N  R  U  N  N  E  T  B  L  O  C  T  D
T  Ð  R  O  H  E  R  B  E  R  G  J  A  N  U
P  A  Ý  W  F  F  G  C  H  I  F  D  I  E  M
S  R  N  I  Q  F  R  E  G  F  L  L  G  W  K
M  N  I  C  C  Ú  Æ  S  V  Í  A  N  S  K  J
N  Ý  L  E  G  J  Ð  Q  H  V  G  N  K  E  M
U  A  E  H  I  L  A  I  G  U  Q  H  B  L  B
```

ERLENDUM
SKUGGA
SJÁLFSTÆÐA
VEGGMYND
GÖTU
ÁTTATÍU
HÁPUNKTUR
SVEIFLA
LIND
HERBERGJA

NÝLEG
SJÁ
GRÆÐA
STARA
TENNUR
SVÍANS
GAGNRÝNI
LJÚFFENGUR
SKIPULEGGJA
ÞEMA

Puzzle 82

```
G  K  D  Q  E  I  U  C  Z  F  P  N  M  C  C
G  N  I  N  R  U  P  S  C  J  M  T  A  T  M
K  Þ  D  M  U  M  I  L  Ð  E  M  K  C  O  F
S  L  J  U  Ð  Þ  Ú  S  U  N  D  Y  C  C  E
S  I  E  Á  U  L  Z  U  N  U  Ð  G  E  H  B
P  E  Y  F  S  A  J  P  C  V  P  F  T  E  Ú
J  T  R  A  I  T  T  Æ  M  H  A  F  T  L  R
Þ  K  N  W  H  Ð  N  D  E  P  N  U  D  L  U
S  O  G  T  V  I  O  P  D  B  Ó  P  H  T  U
V  K  L  A  E  V  C  N  J  T  J  P  D  H  P
Æ  M  K  A  R  I  L  A  V  S  Þ  F  C  D  P
Ð  Y  Y  W  T  Y  Q  S  X  E  F  Æ  Y  L  I
I  Y  Y  O  O  F  N  W  K  U  L  R  A  O  O
C  G  A  X  W  F  J  D  B  A  R  A  F  X  I
```

ÞJÓNA	MEÐLIMUM
SVALIR	KLEFI
KOKTEIL	BÚR
HEGÐUN	VIÐTAL
UPPFÆRA	SVÆÐI
HELLT	SPURNING
ÞOLA	HVERT
ÞÚSUND	HAFT
MÆTTI	ÞJÁST
SUÐUR	UPPI

Puzzle 83

```
T  I  L  G  A  N  G  U  R  L  O  K  S  C  W
J  M  P  S  G  T  B  R  A  L  R  K  K  I  K
T  G  E  L  T  S  O  K  R  Ó  T  S  K  R  D
E  S  N  J  Ó  B  O  L  T  I  V  A  L  Á  M
M  I  E  H  M  W  T  A  R  P  Q  M  Y  A  A
M  E  N  N  T  U  N  G  A  L  É  F  M  A  S
M  W  S  J  A  S  T  Ö  Ð  R  E  É  N  B  G
J  E  Q  S  G  A  E  P  Q  K  S  L  S  Ö  V
Ö  Y  Ó  C  P  B  U  C  D  Z  Q  A  N  Z  E
G  J  P  M  Y  A  C  Q  U  A  R  G  P  D  I
K  U  Ð  Ö  T  S  R  I  D  N  U  I  A  T  T
A  T  H  Y  G  L  I  K  I  T  S  Ð  S  F  A
N  Á  G  R  A  N  N  I  Ú  V  I  G  S  A  X
U  H  H  D  P  Y  X  R  R  W  Z  F  A  T  P
```

PASSA	SNJÓBOLTI
STÖÐ	MENNTUN
MJÖG	SAMFÉLAG
VEITA	LOKS
NÁGRANNI	HEIM
ATHYGLI	PARK
TILGANGUR	STÓRKOSTLEGT
SAMFÉLAGIÐ	UNDIRSTÖÐU
MET	MÁLA
KJÓSA	GÖNGUTÚR

Puzzle 84

```
I  H  U  A  R  N  N  Q  P  M  R  A  S  M  S
O  F  L  F  G  L  W  O  R  U  S  N  V  Ö  K
T  C  S  Æ  P  R  Ó  F  N  R  T  D  E  R  Ó
E  T  N  B  J  R  A  R  L  Ó  A  L  P  K  L
X  N  Y  R  B  A  Ö  U  S  J  Ð  E  P  F  A
T  P  E  E  W  J  N  Z  R  F  A  G  I  I  T
I  D  R  J  T  X  T  D  L  C  L  A  R  R  Ö
B  U  O  S  H  I  Q  M  I  T  L  S  N  Æ  S
O  F  O  R  R  É  T  T  I  N  D  I  W  M  K
L  R  G  X  T  M  G  E  L  R  A  V  L  A  U
L  X  E  U  D  R  A  K  E  L  K  Í  J  D  N
U  Q  S  V  K  A  K  J  Í  G  Á  S  O  N  A
R  I  L  I  Ð  U  R  V  M  R  R  A  Y  A  Q
Q  H  D  T  D  W  H  E  I  C  K  E  J  L  X
```

VÍSA	ANDLEGA
SKÓLATÖSKUNA	LANDAMÆRI
MÖRK	STJÖRNUR
LIÐUR	FORRÉTTINDI
HLÆJANDI	HVÍLA
ALVARLEG	PRÓF
TEXTI	SVEPPIR
BOLLUR	STAÐALL
DRAKE	REYNSLU
FJÓRUM	KRÁKA

Puzzle 85

```
P  S  D  L  E  L  U  U  E  A  C  N  H  E  M
S  Q  S  S  Í  M  I  N  J  K  K  I  E  Y  A
B  P  I  M  X  Z  C  N  Q  X  D  P  R  Y  J
D  U  I  M  C  H  E  I  Ð  I  M  R  F  B  W
B  G  R  Æ  B  V  E  E  W  H  S  A  E  M  E
I  E  G  T  S  E  H  R  I  Ð  Í  V  R  U  J
K  V  Q  R  U  S  A  H  S  J  R  T  Ð  Q  O
S  K  I  P  U  L  A  G  F  I  I  Ú  A  J  D
H  E  Y  R  T  W  A  D  E  A  N  D  G  F  S
N  R  O  I  C  B  T  W  W  H  Y  S  Í  F  L
O  L  Ý  Ð  R  Æ  Ð  I  S  L  E  G  T  Ó  E
T  Í  M  A  B  I  L  I  U  V  R  V  S  L  Ð
B  L  Ó  M  K  Á  L  O  T  C  S  M  P  K  I
M  T  K  H  W  W  S  L  R  I  A  H  A  B  G
```

VÍÐIR	REYNIR
MIÐI	TÍMABILI
SLEÐI	HEST
SÍMI	STÍGA
HREINN	HERFERÐ
HEYRT	LÝÐRÆÐISLEGT
VENJA	BURTU
BÆR	HERSINS
BLÓMKÁL	FÓLK
SKIPULAG	ÚTVARP

Puzzle 86

```
S  M  S  A  H  D  T  Z  B  D  Ð  T  H  V  Y
K  I  Y  Y  A  F  D  M  S  R  S  Q  Æ  X  R
I  S  K  X  W  H  E  D  E  Q  U  Z  T  D  Ú
P  T  G  K  K  G  E  F  Á  S  T  L  T  T  B
S  Ö  L  L  S  Z  Ð  X  S  M  A  R  F  Á  R
T  K  N  U  Ó  E  V  T  R  S  W  L  K  N  O
J  T  N  D  M  C  J  B  S  N  U  G  Ö  D  S
Ó  W  A  S  A  P  K  O  S  T  I  U  S  Y  A
R  Q  L  I  G  E  Q  P  N  S  T  E  I  N  N
I  Á  R  N  S  T  U  I  T  Æ  K  N  I  N  R
M  R  A  G  N  I  N  S  O  K  M  V  Z  D  C
V  Q  K  F  U  G  U  A  R  E  L  G  L  Ó  S
D  N  Y  M  S  Ó  J  L  K  T  P  X  H  W  A
E  I  N  H  V  E  R  S  S  T  A  Ð  A  R  W
```

KOSTI	DÖGUN
SKIPSTJÓRI	ÓSK
TÆKNIN	KARLA
MISTÖK	EINHVERSSTAÐAR
KOSNINGAR	ÁFRAM
ÚTFLUTNINGS	HÆTT
LJÓSMYND	MÁLSMEÐFERÐ
ÁST	STEINN
SÓLGLERAUGU	HAWK
BROSA	LASSO

Puzzle 87

```
G S É L H X E F X B Q I Q N U
A J S Y T O N P X J L U D N T
R A W K Y S Y L Y D L A K J V
Ð L T I C T S Á S A I I N A H
U D J L X R E B U S R I K D F
R A I L R O P J Y B E L D K A
W N T U I K D P G Y F Ý F T S
I V N R M L T U N G L B Z G T
Z U M X H E T P I R R A Ð U R
M H R A Æ Ð M A R F Ð E M P T
E Q J P Ð U T L K Ö R U G G T
F M N Ó J R G S Í R H Q L B F
Ó R E G L U L E G A H J W M E
C B U F R L G C W K L D W T W
```

LYKILL
GARÐUR
KIRSUBER
BLANDA
FERILL
BÝLI
STROKLEÐUR
PIRRAÐUR
HRÍSGRJÓN
TUNGL

HLÉ
SÁST
HÆÐ
KATLI
SJALDAN
HANI
MUNUR
MEÐFRAM
ÓREGLULEGA
ÖRUGGT

Puzzle 88

```
K Y S S A S N I E R M U Y G B
G J A L D Z T W B Ö S P M C K
P M E G A G W Ó S Y T P W W A
M V T S M E J N L Z J H E M I
A P F L Ó T Á C I D Ó Á C A G
I E O R E L L I F A R T T A U
R U T A L T W L I T N T R I B
Æ T V L U W Q G I R V P U N D
K Æ E I T W Q I L R E F G Ý W
S M X Ð R E V S Z U J A U S J
W R D A D V S N S H S G T M A
A Ý Q V P R D N O Q O E N Z T
Q D H X H J Y I K H V B E Z J
W Z X F X A C O K X B F H V D
```

FERLI	PUND
STJÓRN	LIFA
STÓL	HENTUGUR
GJALD	LATUR
LÁNSÖM	AÐILAR
VERÐ	DÝRMÆTU
UPPHÁTT	SÝN
TÓLF	INNSIGLI
KYSSA	REFSA
SKÆRI	SOKK

Puzzle 89

```
K  S  V  E  I  T  A  R  F  É  L  A  G  A  L
Ð  A  Þ  R  B  Q  N  A  X  W  V  Ö  R  E  C
Ö  U  K  U  T  U  L  L  Ö  J  B  X  L  Y  M
R  B  Z  A  L  Á  K  T  Í  V  H  G  X  R  S
H  N  T  S  S  N  Y  R  T  I  L  E  G  U  R
M  N  R  F  Q  N  L  I  M  F  R  S  E  P  I
V  E  P  Y  J  Y  Æ  Ð  Ú  A  A  Y  L  M  F
V  C  C  W  K  M  K  A  S  J  D  F  I  A  A
J  B  I  X  H  Z  N  F  K  G  I  A  N  V  J
M  M  C  E  F  Y  I  R  A  T  S  E  Ý  S  G
R  E  I  Ð  U  R  S  O  T  S  H  E  S  H  E
N  S  F  H  Q  J  Y  F  I  E  F  V  O  N  A
K  Z  C  W  Ú  K  M  Y  L  G  L  O  F  G  P
B  G  T  K  S  S  I  P  Y  E  K  Ó  L  U  U
```

FORFAÐIR
LÆKNIS
SVAMPUR
KAKA
GJAFIR
ÓKEYPIS
VERSLUN
HVÍTKÁL
MÚSKATI
SÝNILEG

SVEITARFÉLAGA
GESTGJAFI
SNYRTILEGUR
RADISH
HÚS
BJÖLLU
REIÐUR
ÞAÐ
RÖÐ
VÖR

Puzzle 90

```
K  S  A  J  V  K  Ð  V  S  M  G  K  F  L  Z
Q  F  T  D  L  Ó  B  O  X  R  S  T  D  U  E
T  Q  P  E  L  Á  N  X  F  L  F  S  Y  K  Y
Y  F  S  S  I  A  L  G  U  R  O  S  H  T  H
U  A  N  U  M  N  F  Í  T  S  R  I  F  Y  Z
O  Y  I  N  S  S  N  N  S  M  Q  L  N  H
K  R  S  C  U  A  H  E  I  Ð  Í  R  T  S  O
Q  R  R  F  D  Ð  I  S  L  E  G  N  A  F  P
B  R  U  Ð  Ó  R  Y  M  N  J  O  R  G  G  J
G  E  Ð  F  E  A  T  T  Á  J  A  X  T  D  F
Q  F  R  I  D  N  U  G  E  T  R  O  P  S  D
X  G  O  K  E  N  N  S  L  U  S  T  U  N  D
T  X  N  L  G  I  S  P  Æ  N  S  K  A  E  Q
Q  C  P  N  E  F  Z  A  C  A  Z  V  L  J  C
```

FORM	RÓÐUR
STEINSELJA	TEGUNDIR
FANGELSIÐ	YFIR
STÍF	STRÍÐI
SPORT	MUN
RUGLA	SPÆNSKA
KENNSLUSTUND	NÁL
EINFALDA	KYNSLÓÐ
ÁTT	ASNA
NORÐURSINS	FEAT

Puzzle 91

```
S  N  E  P  O  J  K  K  R  Z  Q  O  C  J  I
T  U  M  C  Ó  T  E  L  J  A  R  A  L  U  H
A  L  E  P  E  L  B  Y  G  G  J  A  X  R  G
Ð  H  G  J  Ö  F  I  D  L  E  V  Q  E  D  R
I  W  R  Ð  D  G  B  T  D  A  N  G  L  A  A
N  W  Y  I  I  M  A  M  Í  H  A  M  V  M  S
N  F  K  K  S  X  U  T  S  S  Ó  N  O  J  S
T  L  A  E  K  T  N  B  E  L  K  H  Z  O  H
A  D  Q  T  V  N  I  J  B  F  N  G  L  D  O
V  R  G  Q  W  A  T  Q  P  S  Ó  F  I  P  P
G  T  S  K  Y  N  D  I  L  E  G  A  R  L  P
V  I  Ð  S  K  I  P  T  A  V  I  N  I  Ó  E
I  N  N  F  L  U  T  N  I  N  G  S  K  M  R
E  E  B  U  S  R  I  N  K  Ó  S  N  N  A  R
```

BAUN	GJÖF
HULA	DANGLA
VATN	BYGGJA
TEKIÐ	STAÐINN
BLÓM	VIÐSKIPTAVINI
RANNSÓKNIR	INNFLUTNINGS
HRISTI	SÓFI
PÓLITÍSK	GRASSHOPPER
TELJARA	PLÓMA
VELDI	SKYNDILEGA

Puzzle 92

```
S  K  R  Á  P  N  C  A  A  L  Í  M  U  F  L
V  F  D  Z  A  Q  U  N  Ó  R  T  Í  S  Ö  E
N  Æ  F  K  E  F  G  Í  G  Q  S  X  I  S  I
Ó  D  K  D  J  A  N  S  M  V  S  I  E  T  Ð
T  D  H  D  V  J  I  N  T  T  I  L  Á  U  T
T  F  W  R  Y  Y  N  E  Y  V  M  W  B  D  O
X  J  O  L  Q  E  K  B  V  E  G  T  Q  A  G
U  P  G  W  N  C  E  K  C  I  H  C  J  G  I
S  U  X  C  Z  E  T  B  Ö  C  S  T  V  U  N
R  J  T  D  R  H  N  O  A  Þ  H  D  I  R  V
G  H  M  S  O  Z  A  D  S  U  F  N  X  K  I
E  I  Ð  Æ  L  K  D  N  A  H  N  Q  Q  W  L
F  C  B  V  W  S  N  I  Ú  B  L  I  T  Y  L
A  E  P  P  D  E  U  U  N  Q  Y  N  R  S  T
```

CHICK	NÓTT
BAUNIR	BENSÍN
MÍLA	EYJA
SÍTRÓNU	UNDANTEKNING
ÞÖKK	FÖSTUDAGUR
VILLT	FÆDD
TILBÚIN	SPORVAGNA
GEFA	SKRÁ
MISST	ÁLIT
HANDKLÆÐI	LEIÐTOGI

Puzzle 93

```
U  A  C  M  Ð  F  K  Y  Q  A  N  W  I  O  P
E  S  H  S  Ö  A  R  H  Q  H  A  L  E  B  C
S  O  H  J  T  L  I  O  J  T  S  H  Á  L  S
M  X  G  G  S  A  H  N  S  X  Z  Z  R  X  Q
Á  D  U  V  Ð  T  S  S  D  T  T  Ó  J  L  F
A  H  F  P  I  U  G  Q  R  R  I  B  D  Q  Z
U  A  X  R  M  H  S  Ð  D  D  P  Ð  Q  J  X
R  É  R  T  F  J  H  R  T  H  Z  J  J  I  I
A  F  Æ  L  Í  M  J  E  E  I  G  A  N  D  A
R  K  Ð  H  R  U  N  G  I  L  B  D  G  Ó  T
N  N  A  D  D  B  G  Ð  F  T  D  N  O  H  W
I  Y  Z  C  A  Q  Y  A  A  S  T  Y  T  Æ  C
R  B  U  S  Ý  N  D  I  I  K  K  M  T  T  N
A  N  N  A  Ð  H  V  O  R  T  I  Í  S  T  H
```

HRUN   FROSTIÐ
HEITT   HÁLS
ÓHÆTT   ANNAÐHVORT
TALA   ÍMYNDA
SÝNDI   LÍM
RÆÐA   FLJÓTT
ÆFA   TRÉ
SMÁAURARNIR   AÐGERÐ
MIÐSTÖÐ   EIGANDA
GOTT   HUGTAK

Puzzle 94

```
R H A Q I M I N F E K L V N Q
Y P O N A D L A F N I E M X F
X V E H N A T U G Ö S E K A R
Z Z X I R A K E R F F P F Ý H
H H S Þ R J Á T Í U Q A K D U
J Í B Q I T Æ S T V Ð A K R G
V S L N T Q Y Z L Ú R P Ö A M
M O J B T U U H R A U N T U Y
W Z R I Æ P F B W Q T G S G N
J I G M H F R É T T I R V U D
E K L E I T A N Ý L E G A R W
S T A F S E T N I N G U D S T
S Y F J A Ð U R N M A N K L Q
G D M M I I N U T D R D G Q A
```

FRÉTTIR
HÆTTIR
NÝLEGA
VÍSINDI
DRAUGUR
ÞRJÁTÍU
LEITA
STAFSETNINGU
EFNI
BRÚÐA

HUGMYND
FREKARI
KÝR
SÆTI
SYFJAÐUR
EITUR
SÖGU
UTAN
EINFALDAN
STÖKK

Puzzle 95

```
Q C G I R D L E L Z P K F M H
Q A U U U H V F Æ E P B X Q E
E U X P M J B D K N Ý J A N F
L U P Á M J B U K I J Z G G U
B B T K O R Í C U D R X I B R
V M J B T V B S N L D U T K Þ
H E L A N D Ú J A A Z F S R R
Z O T N A H Ð Á N H S G U B E
D N A R A E R L N G B G N G M
C O C X A E W F I E N H Ó P U
V T O X T R I I M U R Ý D A R
H J V V Æ V F R Þ M G T A K B
N J A L M F K R Ö M I Ð Y E J
P C G E E L D C Í K Q W M Z S
```

LÆKKUN	MÆTA
HEFUR	ÞUNGUR
SJÁLFIR	LAND
HALDIN	HÓP
EYÐIMÖRK	NÝJAN
TOMMUR	ELDRI
ÞREMUR	STIGA
INNAN	DÝRUM
ÍBÚÐ	BUXUR
VETRARFRÍ	KÁPU

Puzzle 96

```
L A T H U G U N T D L S W V N
I Í S S K Á P U R N Í Y J M I
S F M T C L S Q O U K K N F W
T J U D Y V C D K F L U N B A
A Ó S U F L N Ö E Ö E R A N X
M L M B V Q T B J H G A P L U
A U A S Þ D A K R Y A O P D P
Ð B U P N J M A N Y Y R E Y P
U L R A T U Ó V P H Þ É R S S
R Á H X Z P F Ð Z Q V X K E K
I D N A F I L L T W W J D N R
R H Ú S G Ö G N I R A V S D I
Ð G V R B E T R I L Ú D O A F
A Z Q Z M R B E K K N U M Y T
```

HÖFUND
LÍKLEGA
SENDA
OPNA
LISTAMAÐUR
SYKUR
ATHUGUN
FJÓLUBLÁ
HANDTÖKU
HÚSGÖGN

ÞJÓÐTRÚ
SVARI
BETRI
BEKKNUM
AÐRIR
ÞÉR
UPPSKRIFT
KREPPAN
ÍSSKÁPUR
LIFANDI

Puzzle 97

```
K  L  L  X  H  Þ  N  X  R  S  R  H  A  K  Ú
K  T  Q  M  Z  U  Æ  N  A  I  N  O  U  E  T
X  N  M  N  B  N  R  I  U  V  Á  R  K  P  B
L  E  I  Ð  A  G  I  Ð  N  P  E  F  A  P  R
L  I  S  I  G  U  N  U  V  I  G  A  S  N  E
X  T  C  S  N  Ð  G  R  E  H  B  T  T  I  I
M  O  I  A  A  S  A  S  R  L  N  T  A  N  Ð
B  U  D  R  H  N  R  T  U  Æ  Z  Á  F  N  S
V  Q  S  G  I  L  E  A  L  J  Q  V  X  I  L
E  O  V  N  Y  Y  F  Ð  E  A  E  Z  A  J  U
Q  B  R  I  G  L  N  A  G  H  U  N  S  A  R
R  Ö  N  K  D  N  I  N  U  M  O  K  R  Ú  I
B  V  U  O  A  D  I  N  R  M  D  V  A  W  G
X  K  Q  T  Æ  K  I  F  Æ  R  I  P  J  I  T
```

ÁTTA	KEPPNINNI
HLÆJA	FÁIR
NIÐURSTAÐAN	SEX
HANGA	HORFA
BÖRNIN	GRASIÐ
RAUNVERULEGUR	HUNSAR
QUOTIENT	AUKASTAF
LEIÐA	TÆKIFÆRI
ÚTBREIÐSLU	ÚRKOMU
ÞUNGUÐ	NÆRINGAREFNI

Puzzle 98

```
T  W  E  Ð  A  V  H  T  T  I  E  B  J  A  N
T  S  A  J  G  N  E  T  A  X  T  A  E  C  Æ
N  G  G  D  M  H  J  W  S  I  Z  S  R  C  S
E  Æ  W  U  H  A  N  D  B  Ó  K  E  K  O  T
N  L  L  U  K  O  N  D  Ó  R  A  B  E  M  A
M  Æ  P  L  Á  S  S  R  Z  U  Í  A  D  P  R
M  I  T  K  J  F  B  U  R  T  M  L  T  L  Ý
O  L  L  I  T  E  K  D  C  U  Ú  L  J  I  K
G  Y  I  W  F  E  R  N  C  A  M  P  I  S  S
S  R  A  L  L  I  K  I  M  L  B  F  I  H  T
E  P  K  N  A  X  G  V  B  B  Q  I  Z  T  Ú
L  J  N  Y  W  C  C  T  R  B  Y  C  Y  L  T
Z  E  I  E  E  H  H  O  B  E  Q  Q  D  W  I
B  T  Y  Z  D  T  V  E  E  T  F  Y  J  E  K
```

BLAUTUR   KETILL
NÆGJA   EITTHVAÐ
MÆLUM   BASEBALL
LILAC   KONDÓR
MÚMÍA   SAT
TENGJAST   PLÁSS
NÆSTA   ACCOMPLISH
HANDBÓK   VINDUR
BAR   JERKED
ÚTSKÝRA   MIKILLAR

Puzzle 99

```
L  K  J  E  X  B  A  L  N  L  E  Q  L  V  V
H  L  Ó  F  T  F  Á  R  U  Z  T  Á  K  A  Í
G  C  X  R  Y  M  U  D  T  I  H  K  D  K  S
A  R  E  Y  A  L  P  Q  L  H  Y  V  Q  N  I
T  R  P  G  A  D  E  F  K  O  N  U  M  A  T
E  X  U  E  S  M  I  C  L  O  C  K  H  Ð  A
S  H  G  N  I  N  K  I  E  R  M  E  U  I  L
Á  J  N  Ð  N  S  T  J  Ö  R  N  U  T  N  A
M  H  I  I  T  A  G  E  L  M  Æ  V  K  Á  N
G  S  N  D  P  M  Æ  L  I  K  V  A  R  Ð  I
A  G  T  L  S  K  A  L  B  I  R  T  A  S  T
O  M  Á  A  Q  G  L  P  R  W  W  E  G  U  V
N  J  J  H  E  B  U  P  G  P  P  Z  L  Q  I
H  J  O  X  R  J  N  R  D  P  D  C  O  R  T
```

HJÁLPA	DAG
VÍSITALA	HLÓ
MÆLIKVARÐI	KÁT
HALDIÐ	VAKNAÐI
JÁTNING	BIRTAST
GATE	CLOCK
ÁHUGAMÁL	NÁKVÆMLEGA
PLAYER	SKAL
REIKNING	KONUM
STJÖRNU	TILFINNING

Puzzle 100

```
P  J  W  A  R  G  F  L  K  N  T  Y  G  P  G
C  A  Q  U  U  O  Y  A  S  A  U  L  M  C  R
J  R  T  B  T  G  O  N  P  Ð  F  B  A  R  Ý
W  I  F  Ó  O  G  E  D  O  Í  D  L  D  I  L
V  Ð  U  S  J  I  N  N  R  S  U  L  A  D  U
D  G  D  O  M  K  K  Á  B  U  Y  I  M  D  K
W  Æ  P  J  U  B  S  M  R  Y  G  G  E  A  E
K  H  Q  G  F  H  F  S  A  V  W  I  S  R  R
B  L  O  K  K  U  M  M  U  Q  B  N  T  I  T
D  B  O  N  I  P  P  E  T  S  W  S  T  C  I
U  L  K  M  M  N  D  N  O  A  M  P  Æ  M  A
G  N  C  U  L  N  X  N  X  L  C  S  M  X  N
H  A  M  B  O  R  G  A  R  A  S  Ó  S  U  N
L  A  N  D  A  F  R  Æ  Ð  I  N  N  I  E  S
```

MEST	VITUR
RIDDARI	KAFLA
SEINNI	BLOKKUM
SPORBRAUT	GOGG
OTUR	HAMBORGARASÓSU
DUFT	LANDAFRÆÐI
SKJÓTA	GRÝLUKERTI
HÆGÐIR	SÍÐA
TEPPI	LANDNÁMSMENN
SNIGILL	MÆTT

Puzzle 1

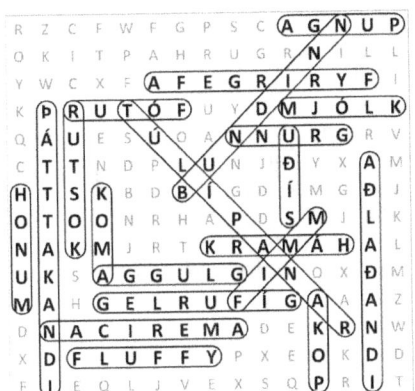

Puzzle 2

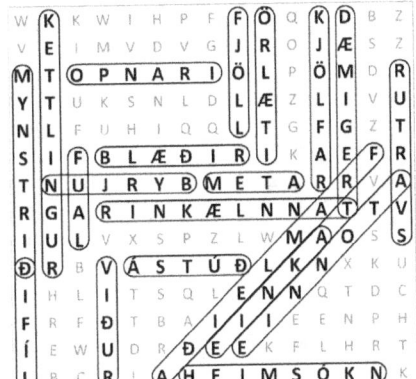

Puzzle 3

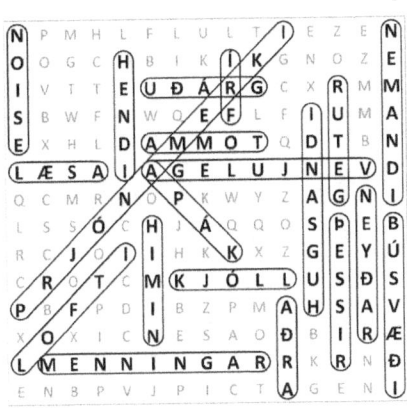

Puzzle 4

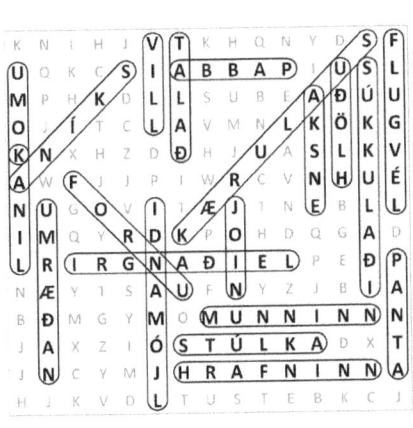

Puzzle 5

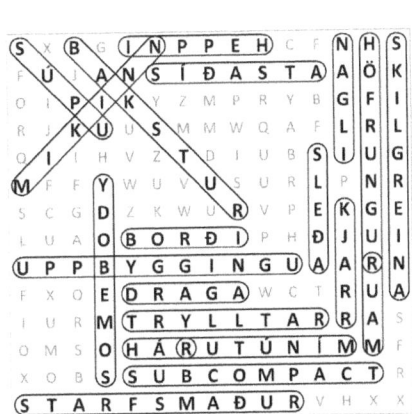

Puzzle 6

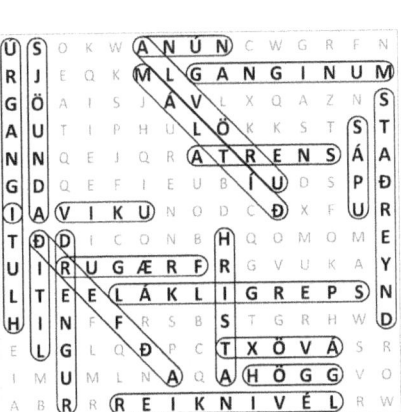

Puzzle 7

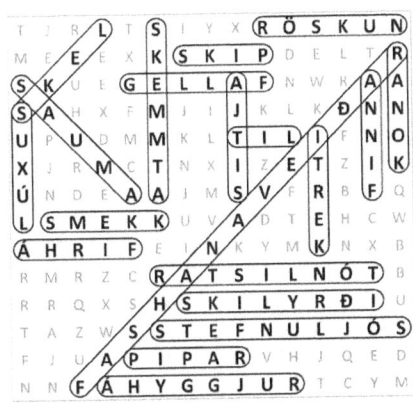

Puzzle 8

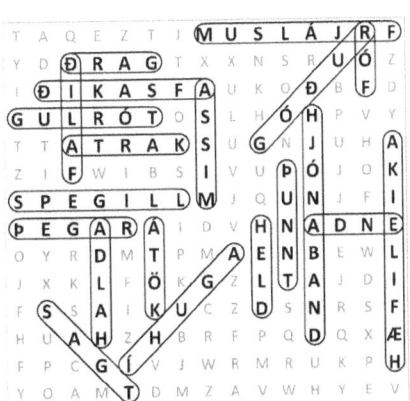

Puzzle 9

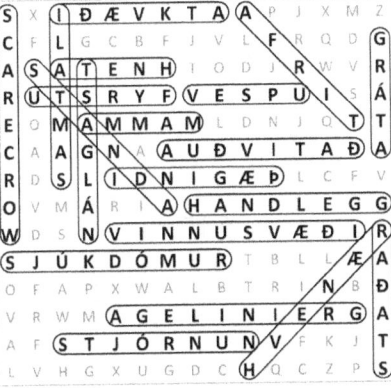

Puzzle 10

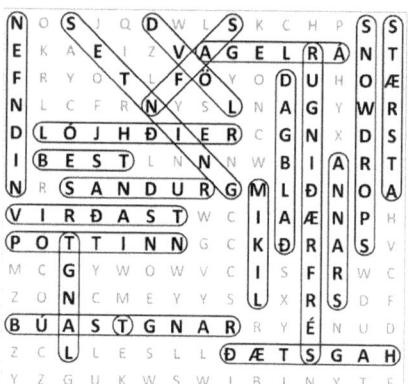

Puzzle 11

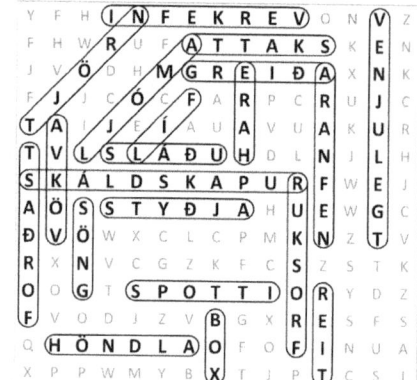

Puzzle 12

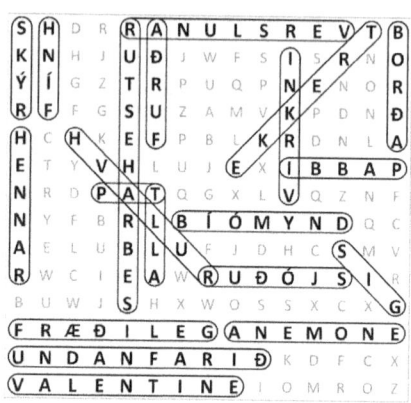

Puzzle 13

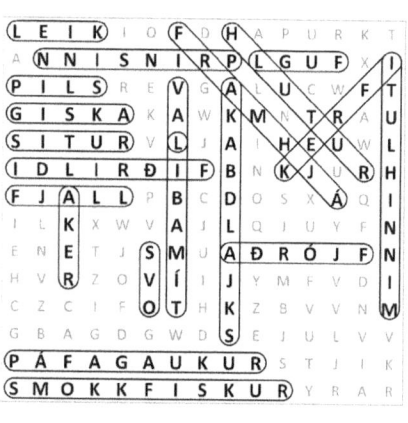

Puzzle 14

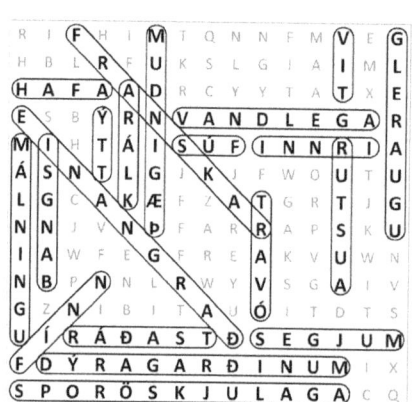

Puzzle 15

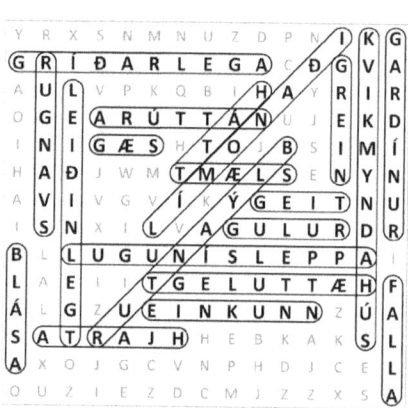

Puzzle 16

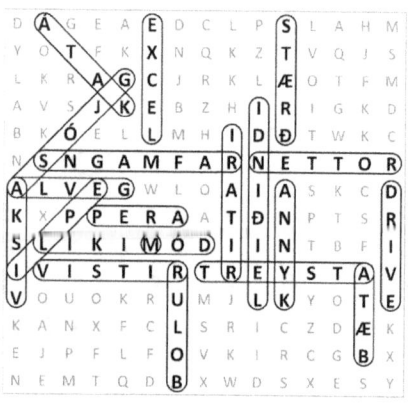

Puzzle 17

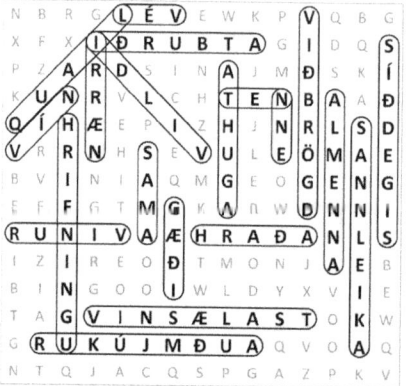

Puzzle 18

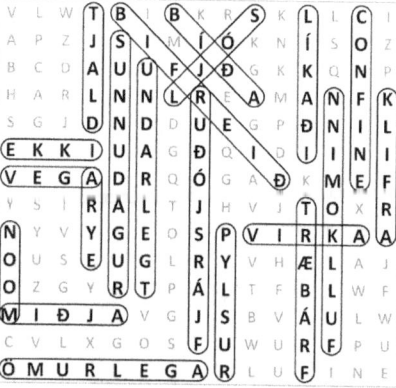

Puzzle 19

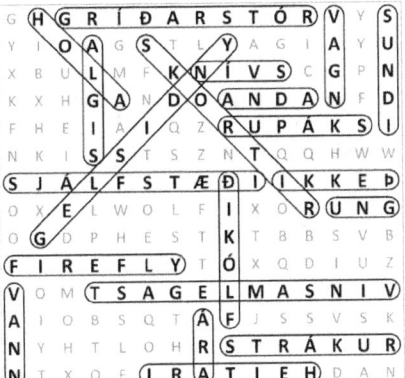

Puzzle 20

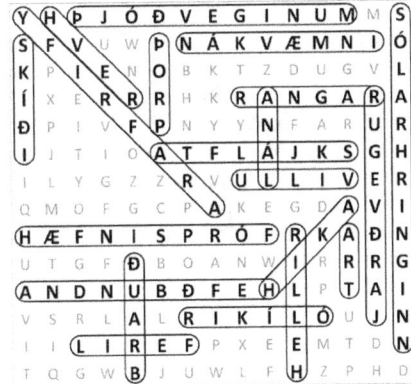

Puzzle 21

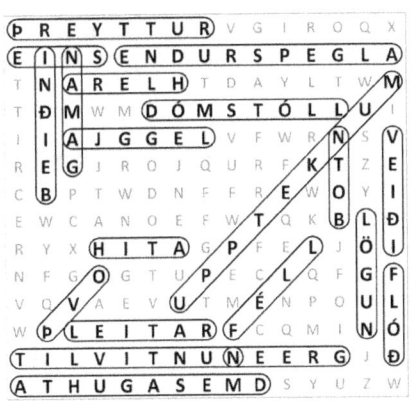

Puzzle 22

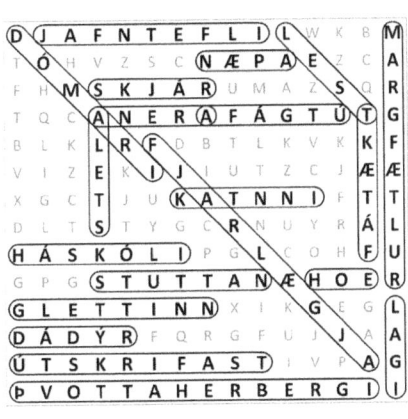

Puzzle 23

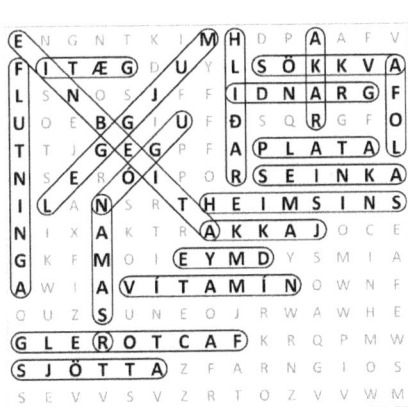

Puzzle 24

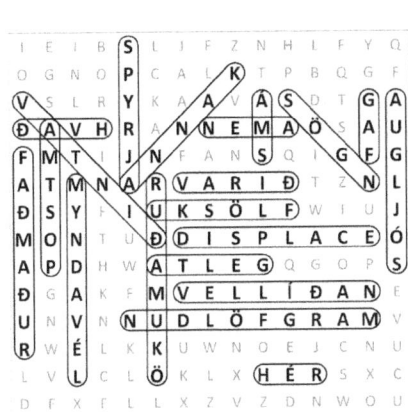

Puzzle 25

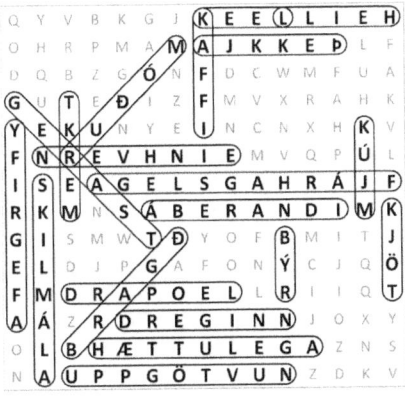

Puzzle 26

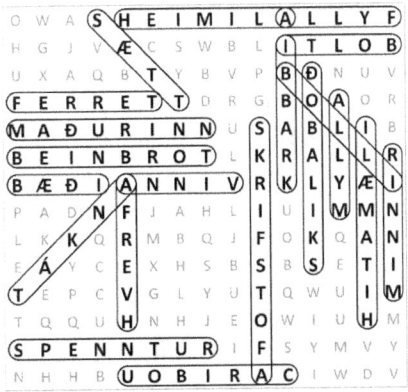

Puzzle 27

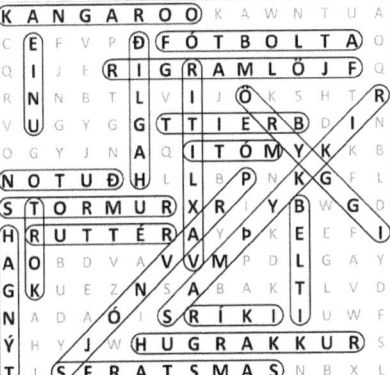

Puzzle 28

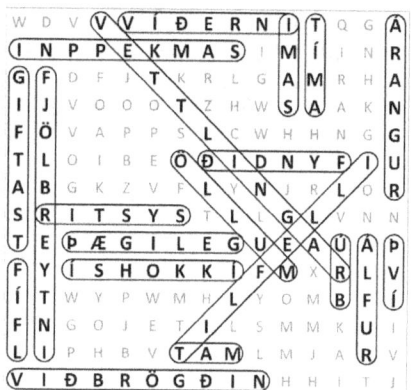

Puzzle 29

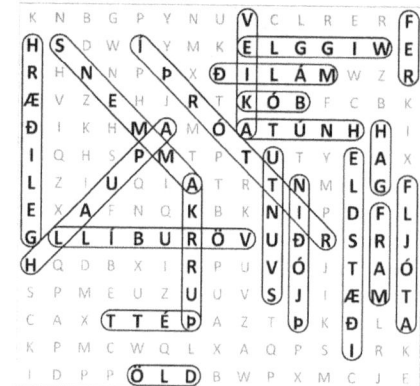

Puzzle 30

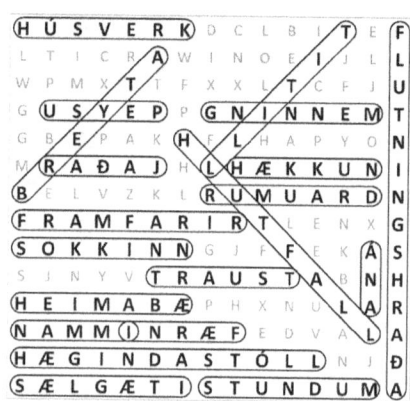

Puzzle 31

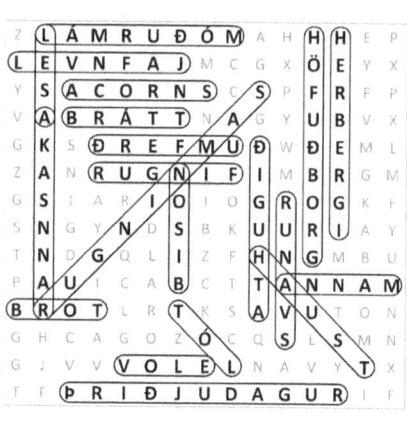

Puzzle 32

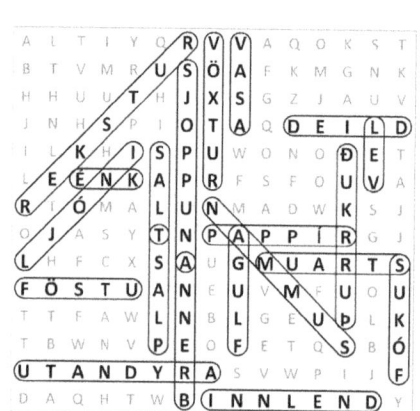

Puzzle 33

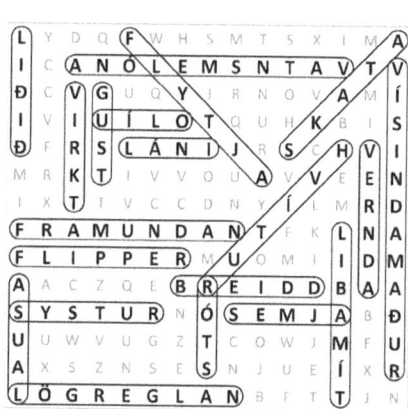

Puzzle 34

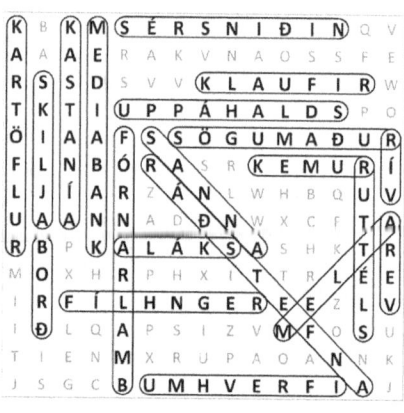

Puzzle 35

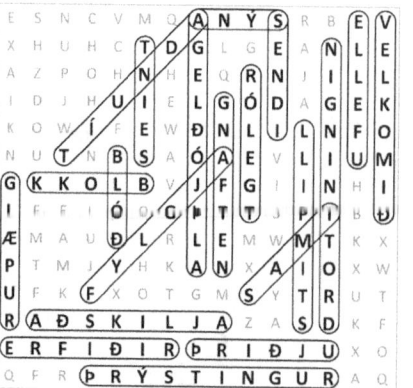

Puzzle 36

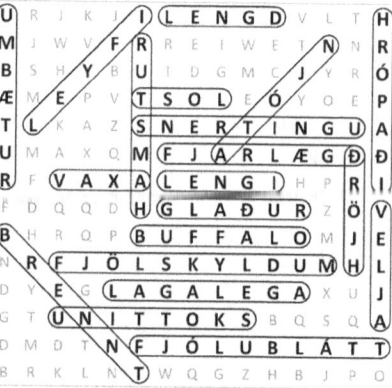

Puzzle 37

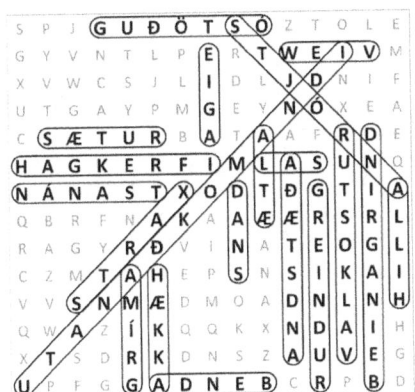

Puzzle 38

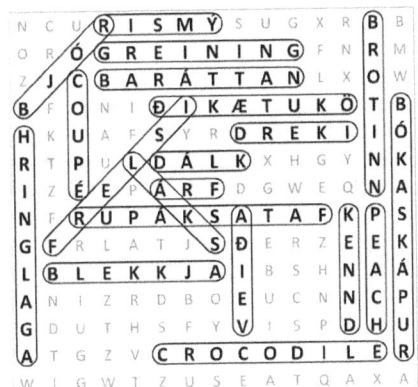

Puzzle 39

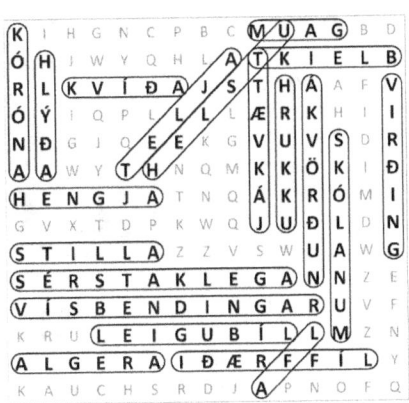

Puzzle 40

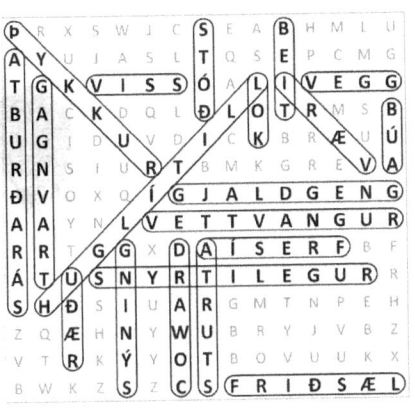

Puzzle 41

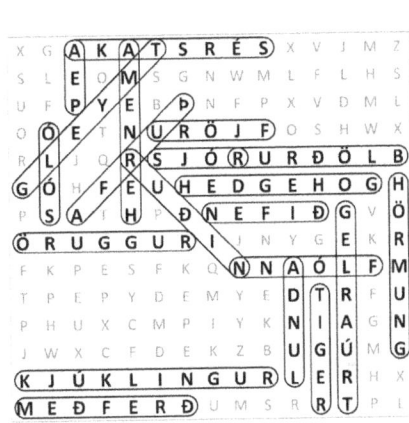

Puzzle 42

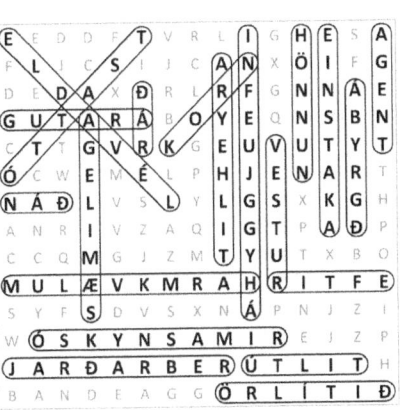

Puzzle 43

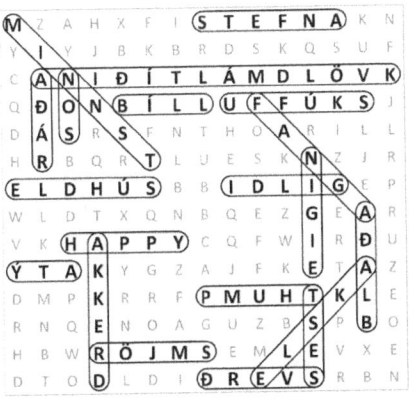

Puzzle 44

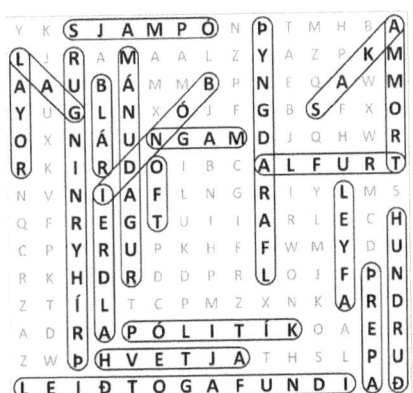

Puzzle 45

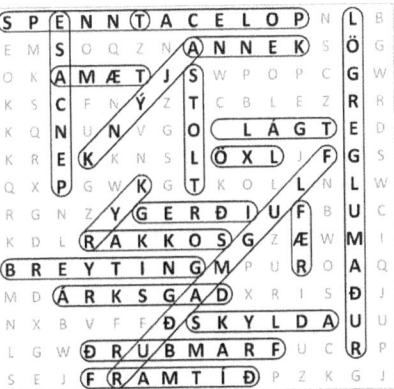

Puzzle 46

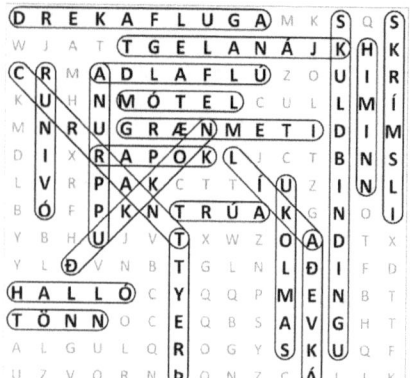

Puzzle 47

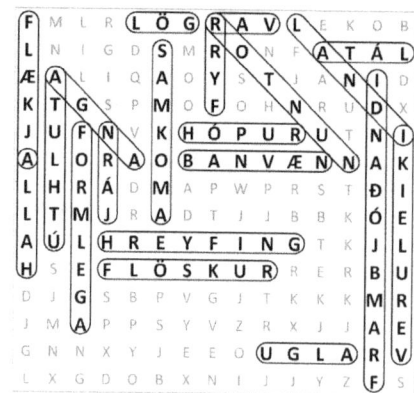

Puzzle 48

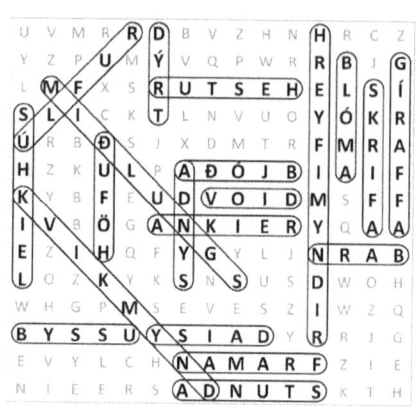

Puzzle 49

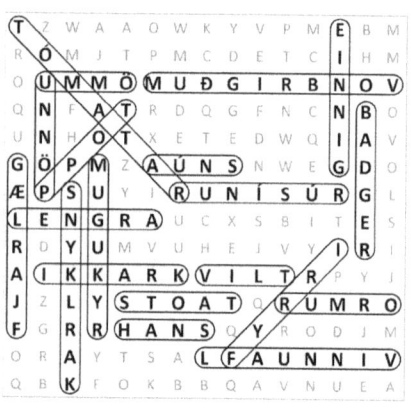

Puzzle 50

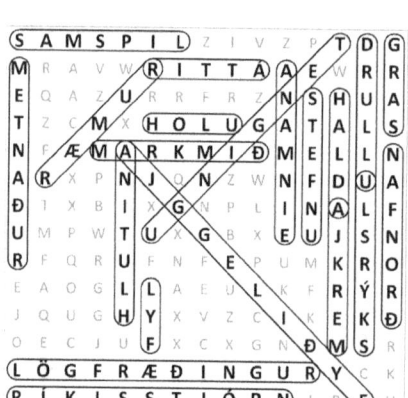

Puzzle 51

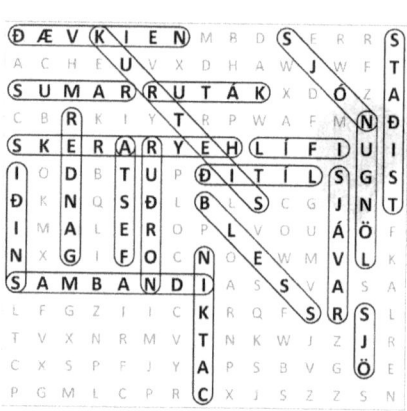

Puzzle 52

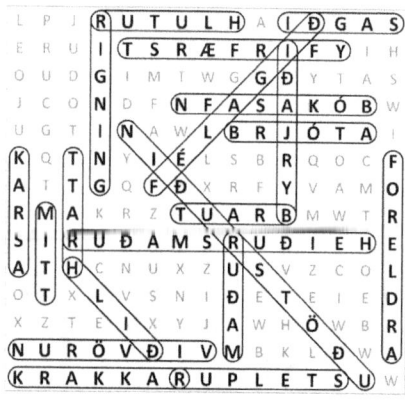

Puzzle 53

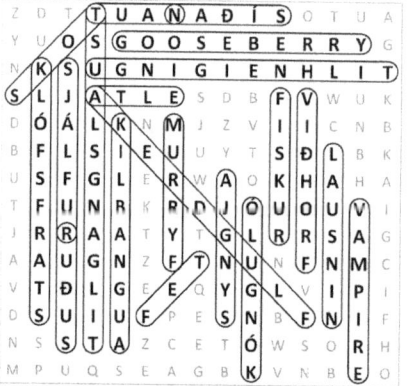

Puzzle 54

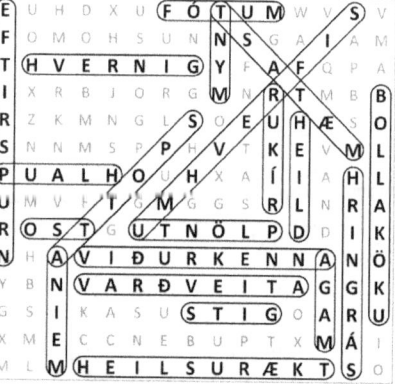

Puzzle 55

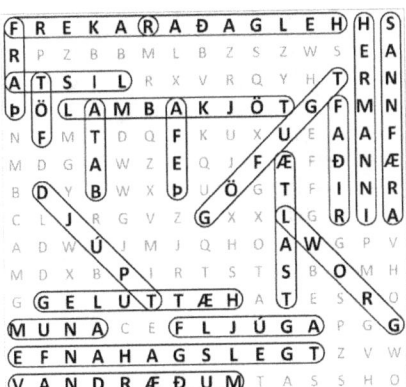

Puzzle 56

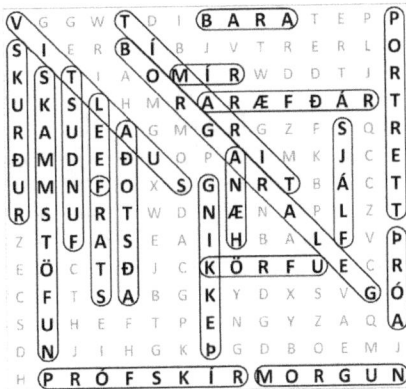

Puzzle 57

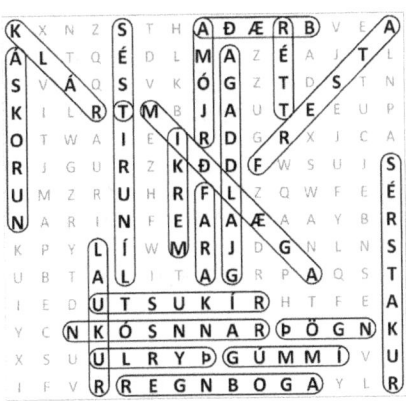

Puzzle 58

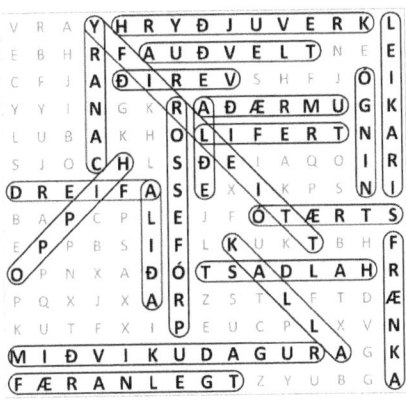

Puzzle 59

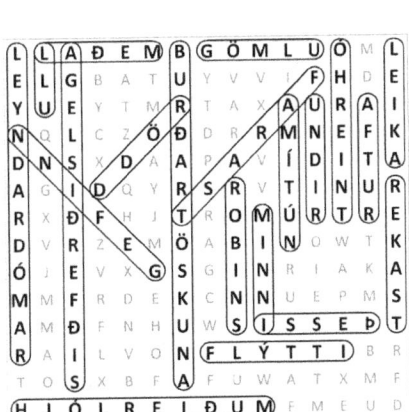

Puzzle 60

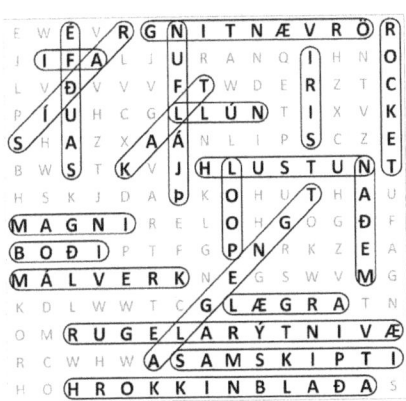

Puzzle 61

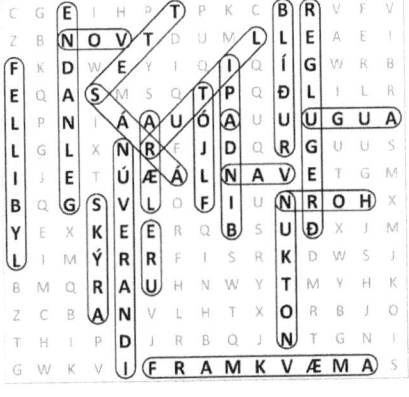

Puzzle 62

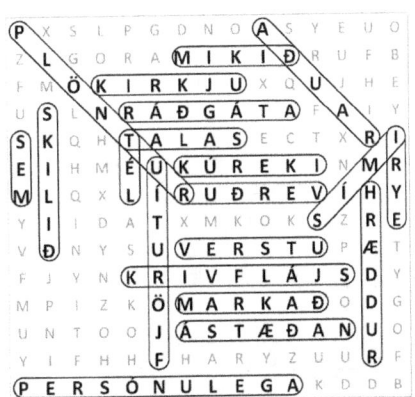

Puzzle 63

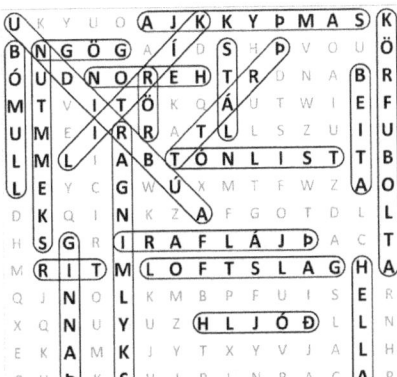

Puzzle 64

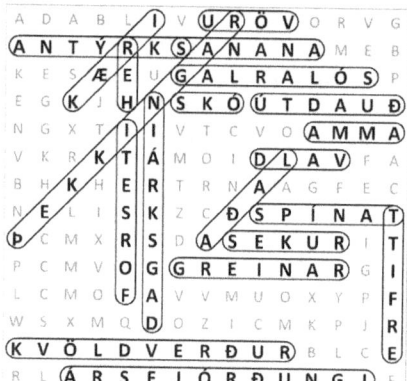

Puzzle 65

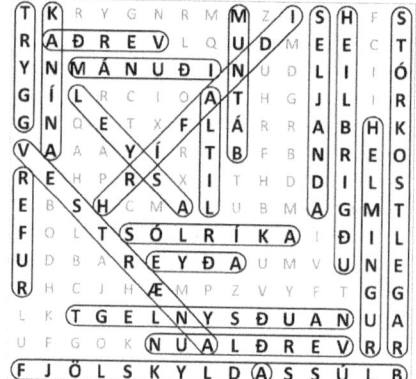

Puzzle 66

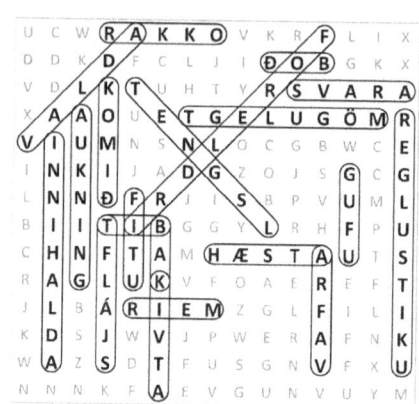

Puzzle 67

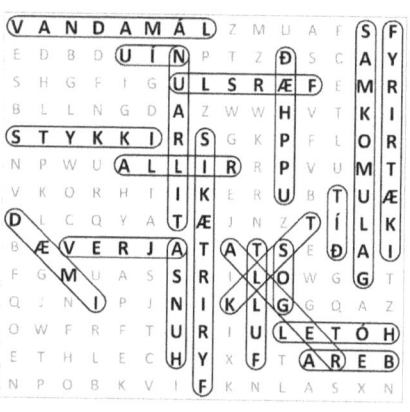

Puzzle 68

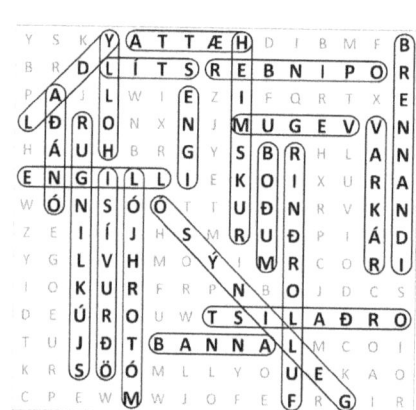

Puzzle 69

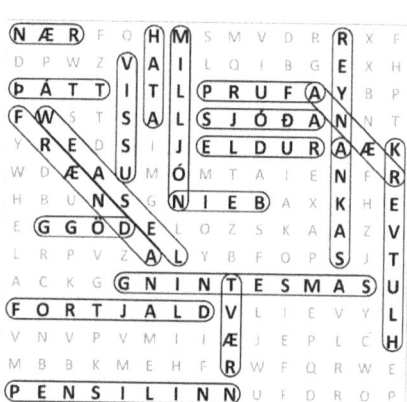

Puzzle 70

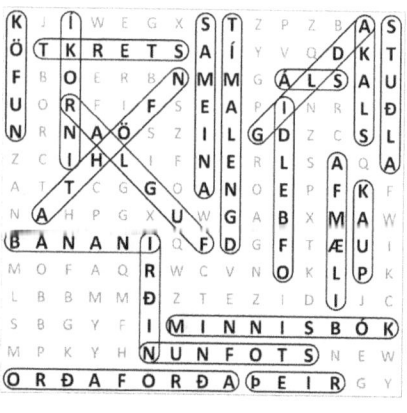

Puzzle 71

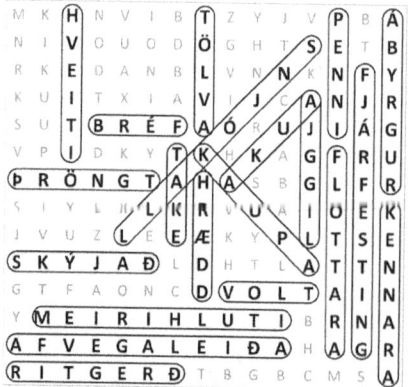

Puzzle 72

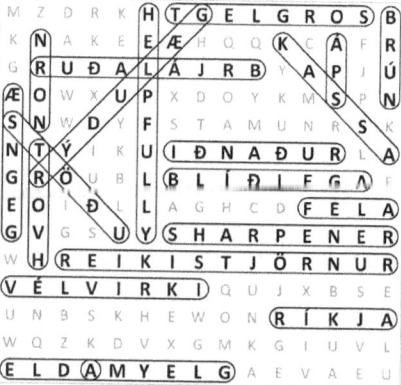

Puzzle 73

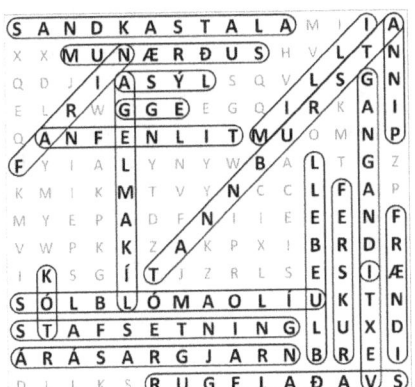

Puzzle 74

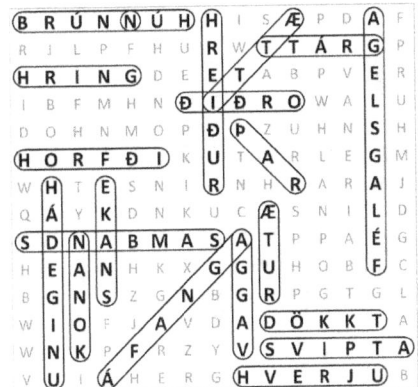

Puzzle 75

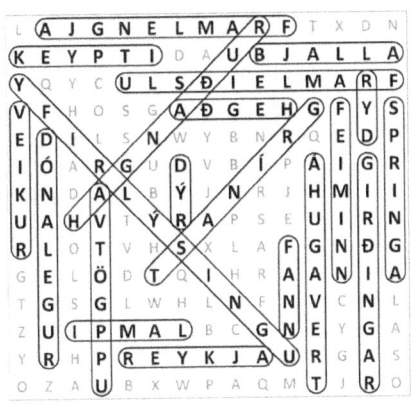

Puzzle 76

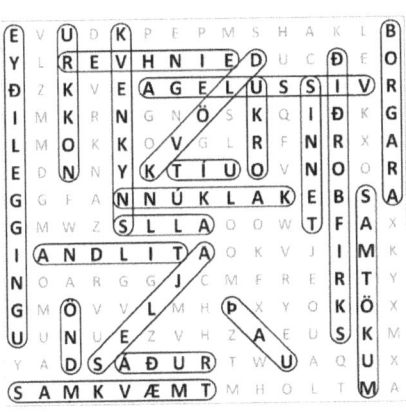

Puzzle 77

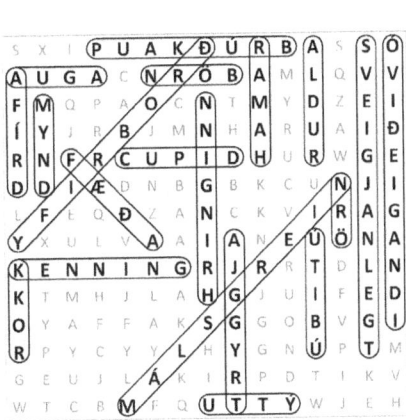

Puzzle 78

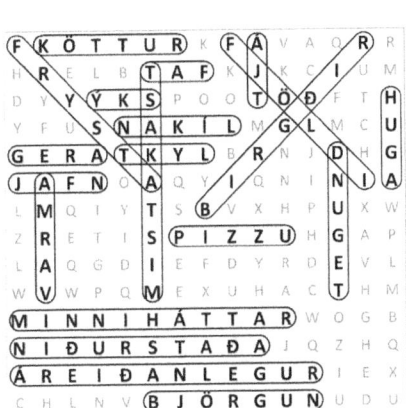

Puzzle 79

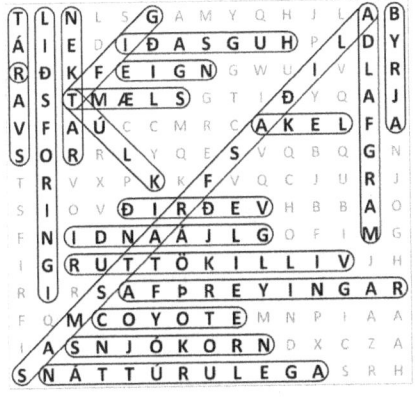

Puzzle 80

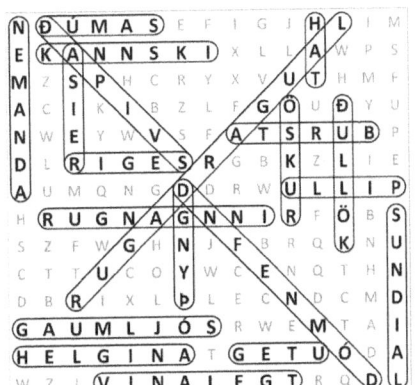

Puzzle 81

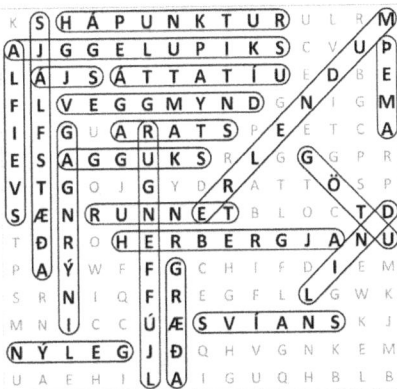

Puzzle 82

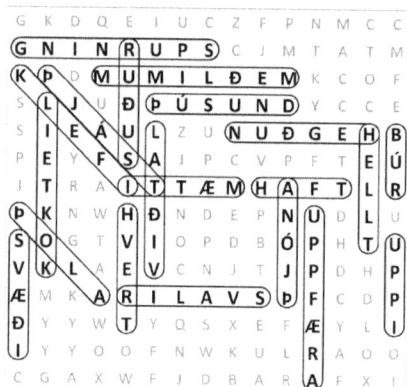

Puzzle 83

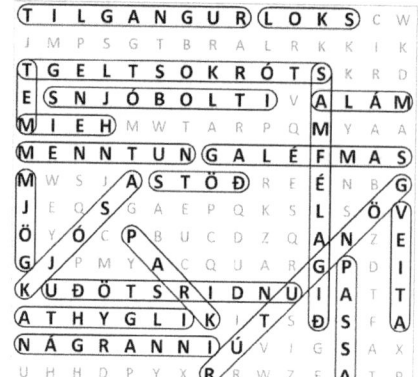

Puzzle 84

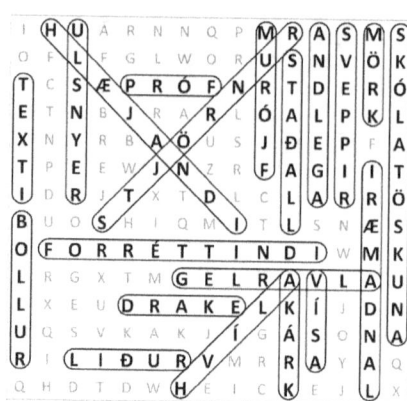

Puzzle 85

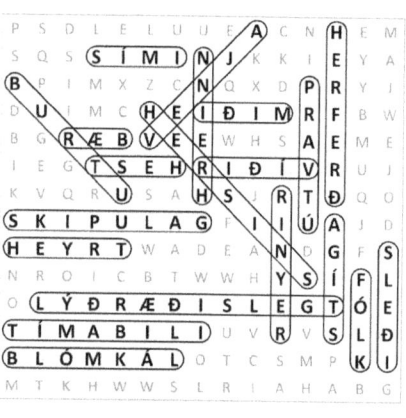

Puzzle 86

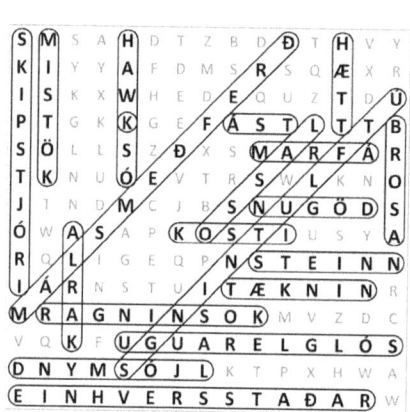

Puzzle 87

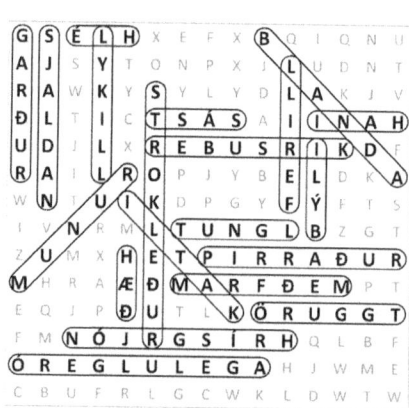

Puzzle 88

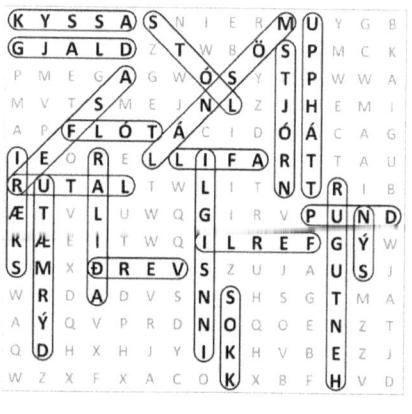

Puzzle 89

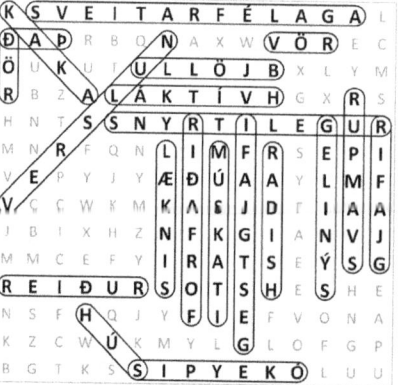

Puzzle 90

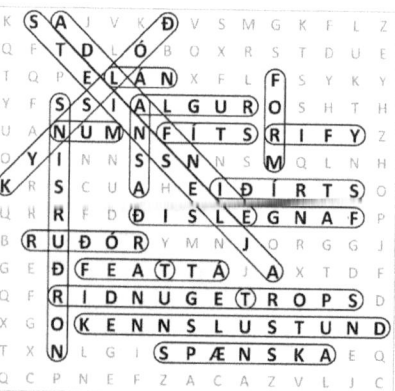

Puzzle 91

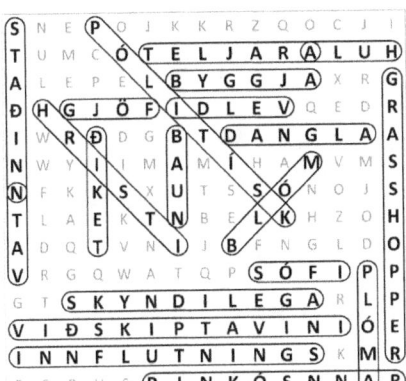

Puzzle 92

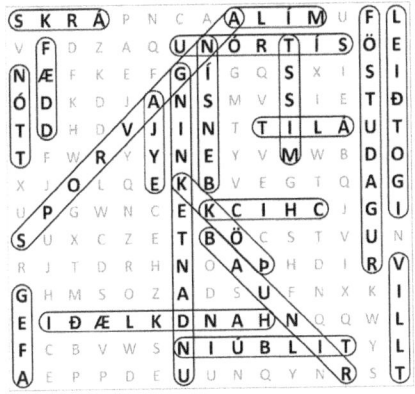

Puzzle 93

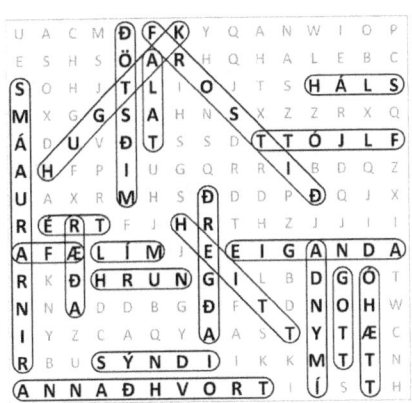

Puzzle 94

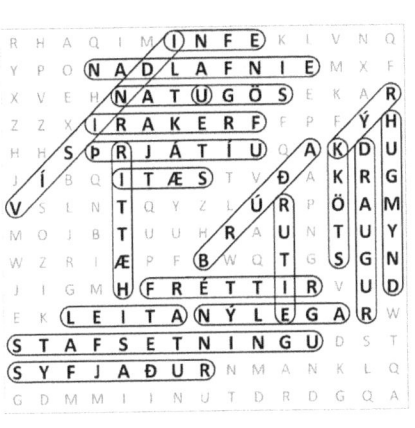

Puzzle 95

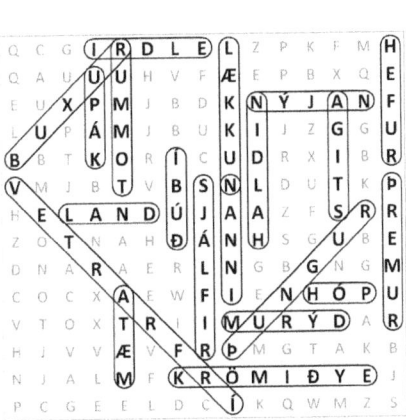

Puzzle 96

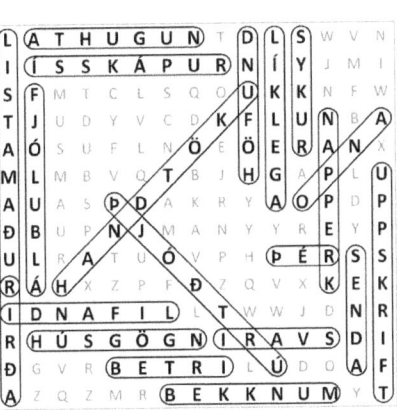

Puzzle 97

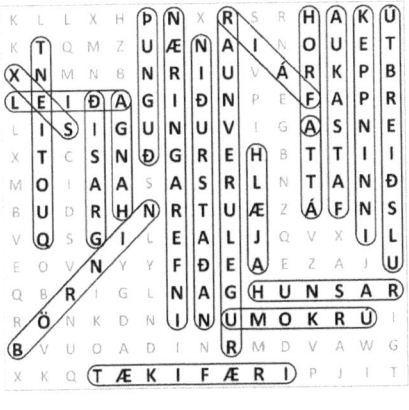

Puzzle 98

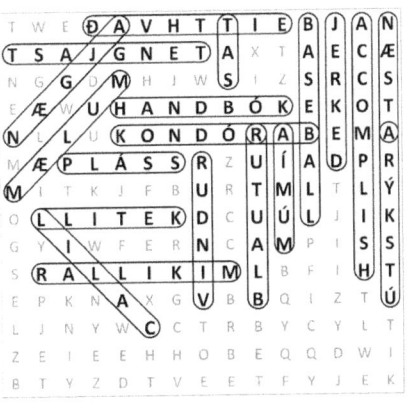

Puzzle 99

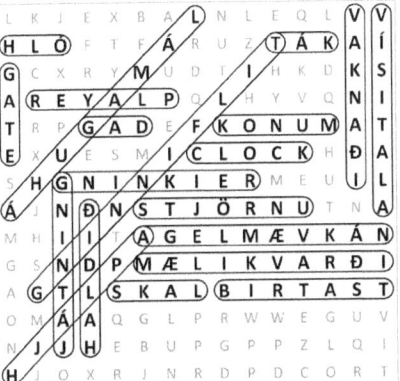

Puzzle 100

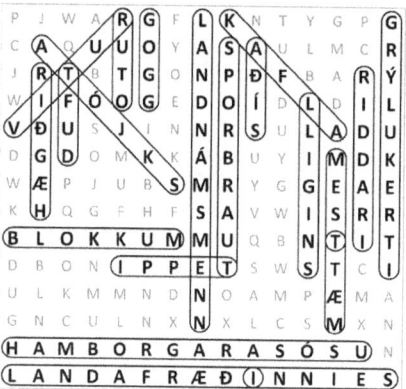

Congratulations

You made it!

We hope you enjoyed this book as much as we enjoyed making it. We do our best to make high quality games.

These puzzles are designed in a clever way to actively spark the brain and make it sharp and quick!
Did you love them?

A Simple Request

Our books exist thanks to the reviews you post on Amazon. Could you help us by leaving a review now?

Here is a short link which will take you to your Amazon orders review page.

BestBooksActivity.com/Review50

MONSTER CHALLENGE!

Challenge #1

Ready for Your Bonus Game? We use them all the time but they are not so easy to find. Here are **Synonyms**!

Note 5 words you discovered in each of the Puzzles noted below (#21, #36, #76) and try to find 2 synonyms for each word.

Note 5 Words from **Puzzle 21**

Words	Synonym 1	Synonym 2

Note 5 Words from **Puzzle 36**

Words	Synonym 1	Synonym 2

Note 5 Words from **Puzzle 76**

Words	Synonym 1	Synonym 2

Challenge #2

Now that you are warmed-up, note 5 words you discovered in each Puzzle noted below (#9, #17, #25) and try to find 2 antonyms for each word.
How many lines can you do in 20 minutes?

Note 5 Words from **Puzzle 9**

Words	Antonym 1	Antonym 2

Note 5 Words from **Puzzle 17**

Words	Antonym 1	Antonym 2

Note 5 Words from **Puzzle 25**

Words	Antonym 1	Antonym 2

Challenge #3

Wonderful, this monster   challenge is nothing to you!

Ready for the last one? Choose your 10 favorite words discovered in any of the Puzzles and note them below.

1.	6.
2.	7.
3.	8.
4.	9.
5.	10.

Now, using these words and within a maximum of six sentences, your challenge is to compose a text about a person, animal or place that you love!

Tip: You can use the last blank page of this book as a draft!

Your Writing:

Explore a Unique Store
Set Up **FOR YOU!**

MEGA DEALS

BestActivityBooks.com/**TheStore**

Designed for **Entertainment**!

Light Up Your Brain With Unique **Gift Ideas**.

Access **Surprising** And **Essential Supplies!**

CHECK OUT OUR MONTHLY SELECTION NOW!

- Expertly Crafted Products -

NOTEBOOK:

SEE YOU SOON!

Delta Classics Team

BESTACTIVITYBOOKS.COM/FREEGAMES